北京大学新中国留华校友口述实录 丛书
夏红卫 孔寒冰 主编

北京大学新中国留华校友口述实录 丛书

夏红卫 孔寒冰 主编

我的中国四十年

前 CNN 北京记者站站长
吉米口述

杨梦雨　编著

北京大学出版社

图书在版编目(CIP)数据

我的中国四十年：前CNN北京记者站站长吉米口述 / 杨梦雨编著. —北京：北京大学出版社，2016.12
ISBN 978-7-301-23560-7

Ⅰ.①我… Ⅱ.①杨… Ⅲ.①中国历史 – 现代史 – 史料 Ⅳ.①K270.6

中国版本图书馆CIP数据核字（2016）第237684号

书　　　名	我的中国四十年：前 CNN 北京记者站站长吉米口述 WO DE ZHONGGUO SISHI NIAN
著作责任者	杨梦雨　编著
责 任 编 辑	丁　超
标 准 书 号	ISBN 978-7-301-23560-7
出 版 发 行	北京大学出版社
地　　　址	北京市海淀区成府路 205 号　100871
网　　　址	http://www.pup.cn
新 浪 微 博	@ 北京大学出版社 @ 培文图书
电 子 信 箱	pw@pup.pku.edu.cn
电　　　话	邮购部 62752015　发行部 62750672 编辑部 62750883
印 刷 者	北京市松源印刷有限公司
经 销 者	新华书店 889 毫米 ×1194 毫米　32 开本　4.875 印张　110 千字 2016 年 12 月第 1 版　2018 年 5 月第 2 次印刷
定　　　价	32.00 元（精装）

未经许可，不得以任何方式复制或抄袭本书之部分或全部内容。
版权所有，侵权必究
举报电话：010-62752024　电子信箱：fd@pup.pku.edu.cn
图书如有印装质量问题，请与出版部联系，电话：010-62756370

"北京大学新中国留华校友口述实录丛书"
编委会

顾　　　问：朱善璐　林建华
编委会主任：李岩松
编委会副主任：夏红卫　孔寒冰
编　　　委（按姓氏笔画排序）：

丁　超　马　博　王明舟

王　勇　王　博　宁　琦

任羽中　孙祁祥　孙秋丹

李宇宁　张　帆　陆绍阳

陈峦明　陈跃红　周　静

孟繁之　项佐涛　赵　杨

贾庆国　高秀芹　康　涛

蒋朗朗　韩　笑

主　　　编：夏红卫　孔寒冰

"北京大学新中国留华校友口述实录丛书"
总序

中国的儒家讲究"己欲立而立人,己欲达而达人"的仁道,这一直是中华文明处理与外来文明之间关系的伦理原则。在我看来,"立人"与"达人"的精神,正是我们毫无保留、尽心竭力培养外国来华留学生的思想资源。几千年的历史发展使中国形成了开放包容、和谐共生的文化传统。在这样的传统之下,中华文明不仅有极强的学习能力、调适能力,而且具有高度的文化自觉和自信。我们既能够诚心诚意地当"学生",也常常是其他文明的"先生"。在中外文明交流互鉴的过程中,"留学生"扮演了十分重要的角色。比如,大家都熟知的"遣隋使""遣唐使"就曾极大促进了中华优秀文化走向世界,也深刻影响了东亚地区的历史进程。

北大是近代中国向西方学习的产物，更是中华文明自身发展演进的结晶。大学之所以成为大学，最根本的就在于它具有穿越时空的精神力量和文化价值。大学精神的影响不仅局限于校园之内，更有助于生成和塑造一个民族的精神内核和文化品格，也在某种程度上代表了一个民族对外的形象与对世界的承诺。从创办之初，北大就怀抱着"为五洲万国所共观瞻"的国际化抱负，既致力于"西学东渐"，又始终积极推进"东学西渐"。一百多年来，一代代北大人以开阔的视野和胸襟，秉承着为中国也为全人类培养一流优秀人才的崇高使命，积极发展留学事业。1952年9月，"东欧交换生中国语文专修班"14名外国留学生的建制调整到北京大学，从那时开始，一直到今天大力实施《留学中国计划》和《留学北大计划》，燕园里的外国留学生规模不断扩大，办学层次和教育质量不断提升，先后有来自超过190个国家和地区的逾六万名留学生曾在这里求学问教。北大校园里会聚了来自五洲四海的青年才俊，大家相互尊重、相互学习、和谐相处、共同进步，使北大真正成为文明交流对话的重要桥梁。

在留学北大的外国校友中，涌现出了很多杰出的代表，比如，现任埃塞俄比亚总统穆拉图·特肖梅先生在北大完成了他的本科、硕士和博士教育。李克强总理到埃塞俄比亚访问时，赠送给他的礼物是北京大学的画册。

很多媒体说,这是"师兄弟"会见。我本人也不止一次接待过穆拉图总统。他对北大有很深厚的感情,这种深情,不亚于任何一个中国学生,让人非常感动。德国著名汉学家罗梅君教授在北大学习多年,在中国近现代史研究,特别是中国马克思主义史学在20世纪40年代的发展研究方面,取得了重要成果。我也曾与她多次交流,以她为代表的北大培养的汉学家,热爱中国、理解中国,而且为促进中外学术文化交流作出了不可替代的贡献。CNN北京分社前社长吉米先生,从北大毕业后在《时代周刊》、CNN等知名的外国媒体任驻华记者,多次参加中国两会等重要活动的报道,采访过中国的许多国家领导人,在帮助世界了解改革开放以来的中国方面做出了巨大贡献。他对母校的事情非常关心,2010年至今担任北大国际校友联络会会长,把自己四十多年收藏的几百本书捐给了母校。巴勒斯坦前驻华大使穆斯塔法·萨法日尼先生,先在北大学习汉语,后来攻读学士、硕士、博士学位,之后多年担任驻华大使。他和其他许多在华担任外交官的校友一起,为中国和他们所在国之间的友好交往付出了许多努力。多年来,他还坚持从自己繁忙的工作中挤出时间,为母校开设阿拉伯语课。塞尔维亚"东方之家"的副主席玛丽娜校友,二十多年来精心耕耘,为中塞文化的传播和交流做出了巨大贡献,2014年12月,李克强总理访问塞尔维亚时还接见了她。在一次会面中，玛丽娜校友曾向我这样讲："我觉得，我既是塞尔维亚人，也是中国人。北大就是我的家。"据统计，从北大走出的国际校友中，担任所在国家部级以上官员及驻华大使的超过50人，活跃在当今汉学界的大批汉学家和孔子学院的外方院长都有在北大留学和从事研究的经历，还有更多的国际校友从事教育科研、公共管理、医疗卫生、经贸合作、新闻媒体等领域的工作。

北大有这么多优秀的留学生校友，这是北大的财富，是中国的财富。这些留学生校友，已经成为不同国家不同行业的栋梁人才。与此同时，他们还是加强中国同世界各国友好往来的桥梁和纽带。他们既是视角更独特的见证者，也是中外文化交流的探索者和践行者。他们讲述着也在书写着中国的故事、北大的故事，他们的经历、他们的成就、他们的思想与情感，都在帮助世界更加全面客观地了解和认识中国，也在帮助中国更好地走向世界。因此，用口述历史的形式，收集和整理北大来华留学生的留学记忆与中国故事，有着重要的学术价值和现实意义。这些生动的记录和个人化的叙事，不仅是对宏大历史的补充，也是十分宝贵的史料，必将有助于北大系统梳理来华留学教育工作在不同历史阶段的发展历程和人才培养成果，也为理解新中国的政治、外交、文化、教育历史，提供一批很有价值的资料。

一直以来，北大都非常重视留学生校友工作，在国际合作部专门下设了一个留学生校友联络办公室，负责联络、服务留学生校友，也注意总结梳理开展留学教育的历史经验，并以出版物的形式整理留学记忆。1998年北大百年校庆时，北大就曾出版了反映留学生学习生活的画册及录像带《海外学子在燕园》。其后，以110周年校庆和纪念新中国接收外国留学生60周年为契机，我们又先后出版了《红楼飞雪：海外校友情忆北大》和《燕园流云：世界舞台上的北大外国留学生》两本文集。这些出版物形象生动地展现了来华留学生的风采，其中蕴含的理念、梳理的历史、总结的经验也已经成为北大外事工作者重要的积累，而且还在全国高校以及海内外几十万北大校友中引起了很好的反响。还有三年时间，北京大学即将迎来120周年华诞，在这个具有重要历史意义的节点上，学校正式启动了"北京大学新中国留华校友口述实录计划"，邀请相关领域的专家学者，对留学生校友中有代表性的人士进行访谈、记录、整理、出版他们的故事。

习近平主席指出："新中国成立以来特别是改革开放以来，党和国家高度重视留学事业，制定和实施一系列方针政策，推动我国留学事业取得了令人瞩目的成绩，留学事业为我国改革开放和社会主义现代化建设做出了重要贡献。"留学工作是我国教育文化事业的重要组成部分，随着中国在经济社会文化的快速发展，国际地位不断提升，国际影响不断增强，留学生工作的地位还会更加重要。"西海东瀛涨落潮，万国衣冠舞九韶"，北大将把实施国际化战略作为学校发展的根本战略，始终坚持立足中国、面向世界、内外融合，努力为世界培养更多具有北大底蕴、中国情怀、国际视野的高素质人才！

最后还希望说明的是，口述史是针对个人在特定的场域空间内对社会和事件表述的研究，在一定程度上超越了民族、种族、国家、性别、年龄等现代"分类技术"的控制，能够真实地呈现行动者在一定社会背景下的社会行动和社会记忆，具有独特的学科特征和研究优势。在策划、出版这套丛书的过程中，编委会提出，要始终坚持严谨的态度，尽最大可能突出其学术价值。不仅忠实于受访者的讲述，并且通过访谈第三方、查考档案资料等方式进行考订、补充，更好地还原历史。此外，在整理过程中，努力保持文字的鲜活，使之可信也可读。当然，由于水平所限，丛书中难免存在不少错谬，敬请方家批评。

谨以此丛书献给所有关心、支持、参与新中国来华留学事业的国内外朋友，献给北京大学 120 周年校庆！

北京大学副校长、丛书编委会主任　李岩松

2015 年 8 月

Contents | **目录**

001 | 第一章 背井离乡的菲律宾少年

050 | 第二章 未名湖畔的"北大人"

095 | 第三章 出色媒体人

第一章　背井离乡的菲律宾少年

热带岛屿上的学生时代

1951 年 4 月 5 日，吉米（Jaime A. FlorCruz）出生在菲律宾首都马尼拉北部的一个小城市——马洛伦斯。马洛伦斯距离马尼拉有一个半小时的车程，吉米的整个童年就是在这里度过的。

菲律宾在历史上分别被西班牙、美国和日本殖民统治过，"二战"结束后仍旧被美国占领，直至 1946 年才完全独立，20 世纪 50 年代初的菲律宾处于经济飞速发展的时期，在亚洲仅次于日本，是名副其实的"亚洲之星"。

吉米就出生在这样一个时代，他的家庭属于中产阶级，既不贫穷，也不算十分富有，父母是典型的技术官员，都在家乡政府的农业部就职，但并非从事有关政治的工作。父母分别毕业于菲律宾大学的农学院和经济学院。菲律宾大学创办于1908年，现已是国内规模最大的公立综合性大学，为菲律宾四大名校之首，而农学院则是创校伊始仅有的两个教学单位之一（另一个是美术学院）。吉米的父亲主修的是化学专业，由于菲律宾属于季风性热带雨林气候，全年高温多雨，湿度很大，十分适宜甘蔗等农作物的生长，是一个甘蔗出口大国，所以父亲一直从事有关甘蔗制糖的研究工作，退休前是国家甘蔗研究所副所长。他的母亲主修的专业是家庭经济，这是一个在中国很少听说过的专业，主要是学习如何做家务以及如何通过副业来增补家庭的收入，后来在1961年，菲律宾大学正式成立了家政学院。当地政府的农业部下属有一个分局，里面有一个部门，主要的工作是到菲律宾的乡下去，组织当地的妇女，特别是家庭妇女，搞一些培训班，教她们一些做家务的技巧，以及如何做饭，如何做手工，更重要的是如何增加家庭的收入，比如将家里多余的水果通过加工后变成水果酱，或者其他的副产品，这样既延长了水果的保存时间，又可以将这些加工品出售，贴补家用。吉米的母亲就在这里工作，退休前是这个部门的处长。

由于工作的原因，吉米的父母需要到全国各地出差，也经常出国去参加会议，他的母亲还在美国有一段短暂的培训经历。繁忙的工作使得他们没有过多的时间照顾家庭，所以吉米是由他外祖母的妹妹，也就是他的姨婆带大的。吉米的姨婆终身未婚，一直与吉米一家住在一起，小时候的吉米身体并不好，总有一些小毛病，通常都是姨婆送他去医院，并照顾他，十分辛苦，所以吉米对他的姨婆一直怀有感恩之心，两人的关系也十分亲近。

吉米家一共有六个孩子，他排行老五。排在他前面的四位和他们的父母一样，都毕业于菲律宾大学。他的大姐主修会计，后来在菲律宾中央银行工作，二姐主修金融，在菲律宾一家私人银行工作。他的大哥主修医学，毕业后就职于菲律宾总医院，而二哥则继承了父业，在菲律宾大学农业学院研究甘蔗，后来去了菲律宾最大的糖加工厂工作。吉米的小妹妹则毕业于一个私立女子大学，学习金融，最后也进入银行工作。他们兄弟姐妹六人从小一起长大，相处得十分融洽，家里三个儿子住在一个卧室，两个大姐住在一个卧室，小妹妹住在另外一个小卧室里。和大多数中国家庭一样，吉米的家庭也有"严父慈母"的教育模式，每逢周末，他的父亲如果在家，都会给他们每个人布置一个小任务，也就是家务，三个男孩通常是在家里种树，或者是洗车、换轮胎等。

因为菲律宾是亚洲唯一一个天主教国家,信奉天主教的人口占总人口的百分之八十以上,所以一般在菲律宾有一个习惯,其实也是天主教的习惯,就是到了大概晚上六点,教堂里的钟声一响,所有人就必须回家,然后和家里人一起做祈祷。孩子们不一定祈祷,但也要在太阳落山之前回到家里,这算是一个不成文的纪律。当然有时候他们会因为在外面玩,而忘记了时间,不能按时回家,这时父亲就会训斥他们,基本上没能按时回家受到父亲责备的都是吉米和他的小妹妹,因为两人在年龄上最接近,所以关系更亲近些,经常在一起,又由于年龄比较小,所以也更容易贪玩。现在他们兄弟姐妹六人中有四个移民去了美国生活,只有二哥仍旧留在菲律宾,而吉米则在中国。

菲律宾十分重视教育的普及,在五六十年代就有十分充足的公立学校保证国民的入学率。吉米的小学和中学都是在家乡的公立学校就读的,在学生时期,他并不是"五好学生",成绩只能算是中等,但是他在中学时仍旧考上了"精英班",班里会集了全校最优秀的学生。虽然吉米在学业上并不是最"拔尖"的,但他的爱好十分广泛,有唱歌、跳舞、社交等。同时他在课外活动方面表现得十分活跃,既参加了学生会,也参加过演讲比赛和戏剧团,或许受马尼拉在1954年举办第二届亚运会的气氛感染,吉米从小就对体育十分感兴趣，因此他在中学时期就担任了校报体育版的编辑。虽然一份中学的校报规模很小，大概每个月才会出一期，但是吉米和他的同学们依旧十分认真地对待这份工作，毫不含糊。也许从那时开始，他的记者的职业理想已经开始悄悄萌芽了。

吉米自己坦承，童年的经历对他未来职业的选择其实没有什么明显的影响，毕竟那时年纪还小，对自己未来会做什么没有一个明确的想法，而上了中学后选择担任学校校报的体育编辑，也仅仅是因为自己对体育感兴趣而已。但是小学和中学期间的确有几件事悄然帮助他书写着自己的人生规划。小学五年级的时候，吉米在课堂上完成的一个小作业被他的老师送去参加一个小型的比赛，并且得了奖，这让年纪尚小的吉米开始意识到自己或许在写作方面比较突出，但是这也没有让他足够地重视自己的这份才华。

吉米在写作上的具有启蒙意义的老师名字叫作Ofelia Buluran，在学校教授英文和文学。菲律宾的中学就像中国的学校那样，分语文、数学、英语这样很细致的学科，但有时一位老师可能会同时教授几门课，由于菲律宾的殖民历史，虽然拥有自己的母语菲律宾语，但是其官方语言仍旧是英语和菲律宾双语，而且学校教学大部分也使用的是英语。Ofelia Buluran老师私底下经常鼓励吉米要提高英文，多读书、勤练笔，这使得吉米的写作能力逐渐得到了锻炼和提升,为将来从事记者行业打下了基础,而 Buluran 老师也因此成为对吉米影响颇深的人之一。Buluran 老师现在定居在加拿大,吉米仍旧与她保持着联系,这份师生情谊大概会让从事四十余年记者行业的吉米终生难忘。

相对于课内的学业来讲,吉米的课外活动更加丰富多彩,他自己也开玩笑似的说,大部分知识他都是在课堂外面学到的。在中学的时候,他就已经是学生会的一员。菲律宾的学生会和中国的学生会有所不同,并不分部门,而是分管每个年级,相当于一个年级的代表,组织每周的卫生清扫和各种各样的学生活动,如舞会、演讲比赛等。虽然中学时期学生会的活动相比于大学来讲很简单,但是吉米从中不仅锻炼了管理能力和组织能力,更重要的是,他从那时开始拓宽了视野,并密切关注时政,从而拥有了记者应该具备的对于时政的敏感。

除了学生会和学报的活动之外,吉米还参与了童军。童军,英文称为 Boy Scout,这是一个国际性的、按照特定方法进行的青少年社会性运动,目的是向青少年提供他们在心理、生理和精神上的支持,培养出身心健全的公民,以便未来为社会做出贡献。童军这项运动起源于英国,罗伯特·贝登堡爵士鉴于当时英国青年道德堕落,体格羸弱,为避免重蹈古罗马帝国亡国的覆辙,从而研发出一套特殊的训练方法来挽救这种危机。

1907年，当时的海军中将贝登堡在英国白沙岛举办了第一次的童军露营，第二年，他在自己早期军事著作的基础上，写出了《童军警探》，在书中阐述了童军运动的原则。童军运动强调以实际的户外活动作为非正式的教育训练方式，内容包括露营、森林知识、水上活动、徒步旅行、野外旅行和运动等。菲律宾的童军运动兴起的时间很早，参与人数也很多，吉米既参加过地方性的，也参加过全国性的童军运动。他们会定期组织集会，到山区去搭帐篷，住在野外，学习有关急救的知识，学习在外生存的技巧，学习如何应对紧急情况，这就使他们具备了自我生存的能力。童军的活动都会配有制服，统一制服的目的主要是为了消弭国家及社会地位之间的差异性，以达到人与人之间相互平等的状态。

除此之外，吉米对文艺方面的活动也很感兴趣。他很喜欢跳舞和唱歌，在中学时期，他参加了戏剧团，虽然没有什么非常正式的演出，都是在课堂里进行一些表演。同时他也参加了演讲比赛，比赛的主题是"The Voice of Democracy"（民主的声音），吉米在比赛中取得了第三名的成绩。无论是戏剧团还是演讲比赛，吉米都在其中收获了自信，使得未来的他很愿意，也很渴望在众人面前发出自己的声音。

在中学的三四年级的时候，学校里来了一位美国教师——Michael Douglas Nossaman，这是时任美国总统肯尼迪的一个计划，即派国内拥有大学学历的志愿者到国外去任教。Douglas看到在学报担任编辑的吉米很有潜力，因此私下里给他讲了许多关于写作和学习英文的技巧，对吉米的影响也很大。在Douglas的鼓励下，吉米密切关注着时事，并在学报上发表大量的文章，最终成为学报的编辑。

菲律宾的中学不分初中和高中，是四年制，所以吉米中学毕业时年纪还不到十六岁。中学毕业后，吉米考入了一所由教会主办的私立大学，这所学校并不是通过全国统一的高考招生，而是自己命题公开考试。学校只招收男生，并且学费很贵，基本上是菲律宾学费最贵的一所大学，同时也是最好的大学之一。昂贵的学费相当于给这所大学设置了一个平民无法逾越的门槛，学校里基本都是官宦子弟或者"富二代"，而出生于中产阶级家庭的吉米在这样的环境里是一个"土包子"。吉米很不适应这样的环境，所以大学的第一年他的课业成绩很不理想，但是在课外活动方面仍旧很活跃。在那所私立大学学习了一年以后，吉米决定退学，并转入一所公立大学——菲律宾商业大学，后改名为菲律宾理工大学继续学业。这所大学与之前吉米就读的私立大学完全相反，学生的家境大多比较一般，学费也不贵，招生规模也很大。吉米很喜欢这样的环境，适应得很好，不仅成绩不错，同时也参加了学校的学生会、戏剧团，并又在学报担任了总编辑。

起初，学报上报道的事件大多以学校内发生的为主，比如体育方面的荣誉，或者有哪些演出，或者刊登一些同学的文学作品比如诗歌等，不是很重视国内时政。吉米的上一任总编辑开始有意识地对学报进行改革，将视野从学校内部扩大到社会上去，而等到吉米接替了总编辑的位置后，他将这种改革更加向前推进了一步。学报的名字最早叫 The Businessman，因为大学算是一个商科学校。后来吉米搞了一个学校比赛，鼓励同学们集思广益，为学报想出一个新的名字，经过深思熟虑和多次讨论，学报的名字改成了菲律宾语 Ang Malaya，意思就是 The Free，自由。学报之前是以英文为主，而吉米则改为以菲律宾文为主，英文为辅。在管理方面，之前学报有学校任命的一个教师顾问，而吉米则取消了顾问这个职位，改为自主管理，从而使学报有更加自由的发展空间。

吉米担任总编辑的时期，学报上大部分的文章都与菲律宾的国事有关，比如在 60 年代末，菲律宾发生了一件事情，在美国驻菲律宾的军事基地里，一个美国兵打死了当地的一个孩子，却没有得到应有的惩罚就回国了，这在菲律宾国内引起了极大的愤怒，学报上也用大量的篇幅来声讨政府的不作为。同时学报也有自己的立场，即左派，十分激进地反对当局政府。当时学校的校长——Nemesio Prudente 也是反对政府的左派，后来被逮捕了。等到下一任政府推翻上一任的统治后，Prudente 先生得到释放，出狱后继续担任校长。前年才刚刚去世。

在学报还归属于学校管理的时候，每年招生所收的学费的一部分都被用于学报的建设。在学报自管之后，收学费的地方单开了一个窗口，专门筹款，由于学校的招生规模很大，因此每年都会筹到可观的数目，这也保证了学报的运行和发展的顺利进行。对于吉米来讲，在学报担任总编辑时的回忆是十分宝贵的，报纸上的每一篇文章、每一个字都凝聚了他们的心血。学报半月出版一次，吉米和他的小伙伴们在出版前要搜集大量材料，或者自己写，或者约稿，并利用一个晚上的时间定稿。之后他们要亲自去印刷厂排版，并和工人们一起校对，因为要一直工作到凌晨，吉米他们都称此为 press work。通常凌晨收工后，大家会和印刷厂的工人一起吃个夜宵，再各自回家入梦。每一期学报的出版，都令他们如获得新生儿般喜悦，吉米也因此交到了很多朋友。

在吉米自己看来，在菲律宾商业大学读书的这段时间，是他人生的一个非常重要的转折点，尤其是在学报担任总编辑的那段日子，更是他日后将半生的时间贡献给记者这个职业的基石。他在这所大学里自由地思考、写作、交朋友，既忙碌又快乐。他一直活跃在校园的每个舞台，忙着竞选，忙着表演，忙着发出他自己的声音，并乐在其中。可以说，吉米在学生时代比大多数人都幸运，他一直有一个自由的空间任他发挥，使他的才华可以得到充分展现，也在不同的阶段遇到给他指引、鼓励他的老师。他是一个自己很有想法的人，对于喜欢的事情会有执念，会放手去做，会成为人群中被人瞩目的焦点。后来他来到中国、意外滞留中国、成为一名记者都不全是偶然发生的事，在学校他从来都不是一个"安分守己"的乖学生，不会仅仅满足于在课堂内和书本上所学到的东西，在社会上他更不会满足在一个地方守着一份平凡的工作，过着循规蹈矩的日子，或许他之后那些被其他人认为很传奇的种种经历，正是他体内那不安分的灵魂所渴望的人生。

投身火热的学生运动

1521年地理大发现，麦哲伦率领的西班牙探险队在首次环球航海时抵达菲律宾，同年死于与当地土著的冲突中。随后，西班牙人于1565年至1571年间陆续占领菲律宾群岛，展开长达三百多年的殖民统治。19世纪末期，菲律宾经历了对西班牙革命、美西战争及美菲战争之后，成为美国殖民地。第二次世界大战期间菲律宾被日本占领，最终于"二战"后独立，而美国在菲律宾留下了英文的主导地位以及对西方文化的认同。独立后的菲律宾虽然经过数次的经济快速成长，但是政局动荡、贪污问题以及社会不安成为阻碍其发展的重要因素。

吉米是典型的当时菲律宾那个时代的产物，他出生时"二战"结束不久，菲律宾刚刚独立；青年时则赶上了马科斯总统的统治时期。费迪南德·马科斯于1917年9月11日出生在菲律宾北依罗戈省。马科斯的父亲马里亚诺·马科斯是一名律师及国会议员，他的母亲是教师。马科斯是家中四个孩子中的次子。马科斯就读于菲律宾大学法律系时表现得相当活跃，他不但是辩论冠军，还擅长游泳、拳击与摔跤。他在学期间因为被怀疑与父亲敌对的众议院议员暗杀事件有关，被判有罪入狱，不过随即又被当时的总统曼努埃尔·奎松特赦。但是马科斯并不接受这样的结果，而是坚持上诉，并在被关押期间准备司法考试。第二年，最高法院对马科斯改判无罪，马科斯出狱。不久后，马科斯从菲律宾大学毕业，并参加了司法考试，以第一名的成绩通过。在第二次世界大战期间，马科斯参加了菲律宾自治军，从事抗击日军的游击队活动，并且在巴丹死亡行军中侥幸逃脱，成为菲律宾抗日领袖。这些作战经历，都成为马科斯日后的从政基础。"二战"结束后，马科斯于1946年菲律宾共和国独立时出任当时总统曼努埃尔·罗哈斯的秘书，三年后代表菲律宾自由党当选参议院议员，并于 1959 年进入参议院。1962 年马科斯出任参议院议长，由于未获得自由党提名参选总统，马科斯便改代表国民党于 1965 年参选总统，并以建立新社会运动为号召，当选菲律宾总统。

马科斯执政之初，倒也颇有作为，他实行"土地改革"，发动"绿色革命"，注重教育，启迪民智，取得了一定的成绩。从 50 年代中期起，日本开始向菲律宾支付战争赔款，总额为五亿多美元，分 20 年还清。结果，这笔钱的很大一部分被马科斯夫妇收入了自己的腰包。在 70 年代初，日本又向菲律宾提供了 50 亿美元的援助，主要用于购买日本的饲料、钢铁、机器和纤维。而马科斯的夫人伊梅尔达又在这笔钱上大做手脚，收取了大量的佣金和贿金。而世界银行向菲律宾提供的数十亿美元的贷款，其中的相当一部分不是被马科斯夫妇乱花一气，就是变成了通往私人银行户头的滚滚财源。马科斯家族，尤其是他的夫人伊梅尔达这样奢侈的生活则被不断地曝光出来，在菲律宾三分之一的人民每天靠一美元生活的时候，第一夫人仍旧砸重金外出购物，甚至一晚上就花掉 500 万美元。伊梅尔达是一个狂热的鞋子爱好者，据估计，她个人拥有数千双鞋子，且都出自名设计师之手，她甚至在一天的时间里换了十套衣服。她的地下储藏室仿佛一间小型的百货商店，各种名牌衣服、鞋子、包、化妆品和香水陈列其中，琳琅满目，令人瞠目结舌，甚至她的洗手池都是镀金的，而这种奢靡的生活必然引起公众的强烈不满。1966年到1971年，菲律宾的失业率虽然从7.2%下降到5.2%，但实际上社会贫困进一步加剧，贫富差距也不断扩大，引起了反对党人士的强烈批判。马科斯在位的这二十年里，菲律宾由一个无国债的国家变成了欠下265亿美元高额国债的国家。5500万菲律宾人口中，70%穷困潦倒，难以谋生。大批菲律宾姑娘因生活问题沦为娼妓，甚至有不少人当了国际邮寄新娘。而马科斯家族的财富则从就任总统前的3万美元，增长到不下百亿美元，其中贪污的数额就超过30亿美元，数额之巨令人震惊。倘若马科斯家族的财富全部收回的话，能够偿还菲律宾40%的外债，相当于菲律宾整个国家一年预算的三倍多。

而后马科斯在1969年的总统大选中连任成功，成为菲律宾历史上第一位连任的总统。但此时由于社会不平等等问题的日益严重，社会暴力事件不断发生和马科斯的任人唯亲，菲律宾矛盾四伏、政治混乱、犯罪率高、世风日下，甚至已经到了不可收拾的地步。

在马科斯统治期间，学费不断上涨带给当时的学生很大的经济压力。尤其在吉米就读的公立大学里，绝大多数学生的家境都很一般，负担不起高额的学费。除了学费上涨之外，马科斯还限制学术自由，对学术上的言论设置了很多屏障，这对大学里血气方刚的青年们来讲无疑是火上浇油。

除了学费涨价的问题之外，石油的涨价也引发了一系列的物价上涨问题，很多公车司机开始罢工，由此又引发了很多冲突。而在菲律宾的农村，同样存在着十分严重的土地问题，80%的土地被占人口总数的5%的地主所占有，农民在土地上耕种，而最后收获的大部分要交给地主，自己却没有土地的所有权。在吉米看来，这样落后的生产关系带来的土地问题，直到今天还没有得到妥善的解决，菲律宾虽然搞了很多年的改革，但依然没有什么显著的成效，而土地问题也成为阻碍菲律宾经济增长的重要原因之一。

在1965年马科斯当选总统的九个月后，他携夫人出访美国，以保证支持林登·约翰逊总统在越南问题上的立场换回了数百万美元"无单据资金"的现款和巨额贷款。1966年10月，马科斯又针对越南战争问题，主持了东南亚条约组织，以支持美军为由派菲律宾军队进入南越。越南战争是美国历史上持续时间最长、消耗物资最大的一场战争，始于20世纪50年代，前后共持续了近二十年的时间。从美国接手越南事务开始，反战的声音就在社会的各个阶层出现。当时的国际上，很多大城市为了反对越战，都掀起了学潮，比如在美国的纽约，学生大规模地走出学校进行反战游行，呼吁停止战争。后来有两万名学生向华盛顿进军，并发誓不投任何支持越南战争的候选人票，而焚烧兵役卡也成为学生们反战的重要形式。这样的时代浪潮也鼓舞着菲律宾的在校青年投入到这种带有国际性质的学生运动中去。

马科斯家族的腐败、物价上涨、土地问题、学术自由被限制以及对越南战争的反对的国际浪潮，这一系列的问题如同雪球般越滚越大，终于在1970年的前四个月里，在菲律宾连续爆发了一系列学生运动，被视作菲律宾学生运动的高潮，吉米也参与其中，并成为学生领袖中的一位。

当时社会上有很多的学生组织，其中的一个是全国大学记者协会，而吉米则是这个协会的会长。据吉米描述，当时他们组织各种各样的游行，并聚集在马尼拉中心离教堂很近的一个广场上，在那里搭台子演讲。他们也会到总统府前的小公园里控诉政府，代表性的口号有"打倒马科斯总统""反对独裁""拥护土地改革""拥护言论自由"等。这一系列学生运动的导火索发生在一所大学里，一个保守派的教授打死了一个学生，事后证实这个教授似乎精神上有些问题。这个学生的牺牲引起了各方的同情，于是学生们组织大规模的游行活动并迅速占领了这所学校，通过学校的广播来宣传他们自己的言论。在那样一个特殊的时代，此起彼伏的罢课游行使得正常的教学活动无法进行下去，学校里有一部分教授很同情吉米他们的经历，也会给予他们必要的帮助。

面对这样的局面,起初政府会派出新闻发言人与学生们进行谈判,甚至有一次马科斯总统亲自站出来与他们对话,但终究还是打着官腔,比较敷衍,也很忽视来自学生们的声音,也没有做出相应的改革。吉米并没有参加这样的谈判,但是在1970年和1971年,是他作为学生领袖最活跃的时期,在这两年间,他写了大量评论性的文章,从爱国、民主、自由的角度呼吁言论自由和学术自由,反对对媒体的镇压,文章都登在大学学报上他自己的专栏里。吉米的活动并不限于写文章和喊口号,除了在学报上发出自己的声音和组织游行之外,吉米跟随所参与的戏剧团到工人罢工的地方去露天演出,鼓励他们的行为,演出的剧目大多出自他们自己之手,所演的都是关于农民和工人生活的事情。在一个暑假,吉米和另外两个同伴去马尼拉附近的小村子,与当地居民同吃同住了两个星期,目的是为了体验比较贫穷的老百姓的生活,以便能够真实地反映他们的愿望和诉求。

这样的经历和想法在今天的吉米看来,可能有些天真,又有些浪漫,这些怀抱着激情和理想的青年们渴望通过自己的行动来改变当时菲律宾民不聊生的现状。但是很快,政府意识到单纯的谈判和对话已经无法平息这样大规模的罢课、罢工,放任自流只能使得国家没有办法正常地运作下去。为了控制局面,维护自己的统治,马科斯开始动用军队来镇压各种游行活动，包围了当时学生们占领的学校，与学生有一些正面的直接的冲突和对抗，同时在政府的各个关键部门都安排自己的亲信去管理，并没收了一些大型的企业。

对于吉米来讲，他参与学生运动，并担任领袖的角色，虽然积极组织各种各样的活动去抗议政府，但在这如火如荼的运动之余，他也开始渐渐意识到这样永无止境的游行和抗议下去是不可能的，政府不会对这样的局面置之不理，军队镇压已经开始，随之而来的是什么也是未知数。在他离开菲律宾动身前往中国之前，已经有了这样的担忧。

总之，70年代初发生在菲律宾国内的大规模学生运动给了政府很大的压力，可以说是马科斯政府最终决定实行军阀统治的直接原因之一。提到学生运动，中国人大多会第一时间想起五四运动，这个被视为新民主主义革命开端的事件一直被中国人民铭记于心，其蕴含的爱国主义精神、为真理和正义而战的精神、不畏强暴和黑暗政治的精神也在今天得到了很好的传承。

胡适先生曾经评价五四运动有至少五大成效：一是加强了学生主动负责的精神；二是激发了学生对国家命运的关注；三是丰富了学生团体生活的经验；四是培养了学生作文演说的能力；五是提高了学生追求知识的欲望。在胡适看来，"这都是旧日的课堂所不能产生的"

效应。但是胡适同时又为这样的学生运动感到深深的悲哀，认为这是"天下最不经济的事"。胡适这样认为，学生运动不是常态社会的行为模式，而是变态社会的必然产物，所谓常态社会，是一个比较清明的、由成年人管理政治的社会，如果成年人不能够尽责尽力，不能治理政府的腐败，那就是一个变态的社会了。在这种情况下，"干涉纠正的责任，遂落在一般未成年的男女学生的肩膀上"。于是，本来应该安心读书的学生只好放下书本，走出校园，冒着生命危险去游行请愿，从而酿成大规模的学生运动。正是"荒唐的中年老年人闹下了乱子，却要未成年的学生抛弃学业，荒度光阴，来干涉纠正，这是天下最不经济的事"。

而历史又是何其的相似，在半个世纪后的菲律宾，也有这样的一群爱国青年，面对当时的腐败混乱的"变态社会"，他们放下了书本，走出了校园，冒着不可预知的危险，勇敢地站在当政者的面前，去干涉和纠正。吉米就是其中的一员，他看到了政府的不作为，看到了反抗的刻不容缓，同时也朦朦胧胧地意识到反抗的不易。且不说吉米所参与的学生运动是否使得政府做出了让步和改变，至少他们让执政者意识到了人民的力量，意识到了什么是"水可载舟，亦可覆舟"。在这场轰轰烈烈的学生运动中，吉米他们如胡适所说的那般收获了很多无法从书本里得到的知识，但也如胡适所描述的那样离开了他们应该待在的校园。这是否是"天下最不经济的事",谁也没法给出标准答案,谁也没有资格去评价吉米他们所做的一切是否值得。倘若没有这场学生运动,吉米就不会被政府列入"黑名单",也就不会滞留中国,背井离乡那么多年,他会在菲律宾读完大学,也许也会选择当一名记者,可能也不会与中国结缘。但一切又是那么巧合,吉米的人生终究没有那么风平浪静,在接到中国友协的一个邀请后,他的人生轨迹悄然发生了改变,而他与中国四十余年的缘分也就这样拉开了帷幕。

踏上"红色大陆"

吉米和中国的缘分始于 70 年代。

70 年代对于很多中国人来讲,不过只是四十年前的事情,时间虽然不是很长,但是经历过的大多数人总是选择对那十年保持沉默,所以那个年代仿佛属于很久以前,发生的事情如同泛黄的老旧照片,让人难以辨认。

我们很少提起 70 年代,虽然在那十年里发生了很多大事,甚至有些大事能够改变世界的格局。但是 70 年代之前的 60 年代和七十年后的 80 年代,似乎有更多值得反复提及的理由。李陀在《七十年代》一书的序言中这样形容道:"70年代给人的感觉,更像是两团狂飙相继卷来时候的一小段间歇,一个沉重的喘息。这个十年,头一段和60年代的狂飙之尾相接,末一段又可以感受80年代狂飙的来临,但无论如何,它好像不能构成一段独立的历史,这十年显得很匆忙,又显得很短暂,有如两场大戏之间的过场,有如历史发展中的一个夹缝。"

吉米就在这一个十年来到了中国。1971年6月,吉米所在的学生组织接到了中国友协的邀请函,邀请他们组织一个十五名成员的菲律宾青年代表团来中国考察访问,而中国友协则负责来回的路费和他们在中国的食宿。吉米他们对这样一个邀请表现出了极大的兴趣,因为他们都对邻国这片古老的东方土地怀有很强的好奇心。在吉米得知有机会来中国游学的半年前,他在大学里曾经参加过一个讲座,主讲人是一名记者和一名商人,两人都是刚刚从中国考察回来。这名记者和这名商人描述了他们眼中那时的中国,他们访问了一所学校,看了学校里孩子们的演出,也描述了人民公社的情况。在两人看来,人民公社是一种非常稳定的生产关系,对于当时土地问题十分严重的菲律宾来说,充满了诱惑。这次讲座使吉米第一次接触到有关中国的情况,但是由于主讲的两个人对中国的描述比较笼统,缺乏细节,而且在中国停留的时间也不长,只有两三个星期,又缺乏前期的认知,所以对中国也没有很深入的了解,更多的是一种基于所见所闻的想象。

对于当时世界的其他国家来讲,中国实在是一个很模糊、很神秘的国度,很多菲律宾人把中国称为"Red China",即"红色中国",表示是共产党执政的国家。对于吉米这样的年轻人,他们很难理解"社会主义""共产主义"这样的名词。在听完那个讲座后,吉米读了一些有关中国的文章,也翻了翻毛主席的红宝书,对"红色中国"有了些许印象。在他的想象中,中国是一个比较浪漫的地方,没有犯罪,没有人偷东西,看不到警察,有很多自行车,包括官员也都是骑着自行车上班。他也知道中国在搞"文革",吉米将"文革"理解成一个社会工程,是想要改变社会现状和人们生活的"毛氏革命"。

除了讲座和自己读的文章,吉米还观看过一部关于中国的歌舞纪录片——《东方红》。《东方红》是为了庆祝中华人民共和国建国十五周年而创作的,概括地表现了中国共产党成立后,中国人民在中国共产党和毛主席的领导下,所进行的反帝国主义、反封建主义、反官僚主义的艰苦卓绝的革命斗争。纪录片选取了各个革命阶段最有代表性的典型事件,使它成为中国人民谋求解放的历史缩影,周恩来担任总导演,同时凝结了近三千人的创作心血。这是一部政治性和历史性都很强的作品,同时艺术上也接近完美，内容丰富且庞杂，足足有三个小时。毕竟是一部有关共产党的纪录片，因此这部片子在菲律宾是禁演的，但是对于吉米他们来讲，政府禁演《东方红》是一种限制学术自由和言论自由的行为。因此，有几所大学违反了政府的指令，组织播放了这部纪录片，向前来观看的人只是象征性地收取了一点钱。由于影片时间太长，又是中文发音，再加上吉米对中国的历史和当时的情况了解得不够深入，所以他在看到一半的时候睡着了，坦言自己没有办法静下心来专心观看。也许对于吉米他们这些反对政府的左派来讲，观看一部描述社会主义国家的纪录片的形式上的意义远远大于纪录片的内容。

总之，吉米很难想象"红色中国"究竟是什么样子，在他看来，当时的中国有点像现在的朝鲜，很封闭，信息很少，但又充满了神秘的色彩。因此当接到中国友协的邀请函后，吉米立刻下了决心，决定去亲眼看看"红色中国"，毕竟他们自己也是属于激进反对马科斯政府的一方，而中国友协邀请他们大概也是出于这样的原因，觉得他们不是"仇敌"。

当时在菲律宾，去中国是非法的，虽然之前的记者和商人在吉米他们之前就去了中国，回去也有公开的演讲，但是严格来讲这些都是非法的行为。那时菲律宾的护照用在苏联、中国、罗马尼亚、越南等共产党执政的国家都是无效的。但是这并没有阻挡吉米他们想去的决心，一方面他们觉得在他们之前已经有人去过，说明很多事情有了变化，没有那么刻板，另一方面也是在强烈的好奇心作祟下，年轻气盛的他们没有冷静地思考可能会发生的后果。

但是吉米的父母还是很担心他这次的出行。吉米是在出发前一个星期才告诉他的父母自己接受了一个邀请，有这么一个去中国游学三周左右的计划。为了让父母相信他没有说谎，他还带了一个准备和他一起去的朋友到家里和父母讲整个计划的来龙去脉。虽然有很多的铺垫，但是吉米的父母还是很忐忑，担忧此行会不会遇到什么麻烦。很久以后，吉米的母亲对他讲，在他动身的那天早晨，她犹豫了半天要不要把他叫醒。如果那时她没有叫醒吉米，他可能就睡过头了，因为头几天吉米在大学里竞选学生会，他是副主席的候选人，当时的竞选还是很严肃的，候选人需要到每一个班演讲，所以走的前夕他的嗓子已经哑了，也很疲惫。为了准备第二天飞香港开始三周的游学计划，吉米专门从马尼拉赶回家里，收拾行李，告别父母。虽然有所犹豫，但是他的母亲还是准时叫他起床，吉米带着行李坐计程车回到马尼拉，在去飞机场之前还路过学校投了学生会竞选的票，然后到机场和其他人集合，一起坐飞机到香港。

当时他们分成两批，分别于 8 月 19 日和 20 日从菲律宾飞到香港，吉米是第二批，20日离开菲律宾，然后十五人在香港集合，和中国旅游局的官员见面，并由他安排他们的住宿等。之后旅游局的官员安排他们坐火车从香港到深圳，在深圳停留一下后前往广州，于8月21日从广州乘飞机离开，当天晚上就到了北京，开始原本计划的三个星期的游学。

他们到北京的第二天就和中国友协的官员碰面，并商量这三个星期的日程安排。当时到中国的一共有十五个人，每个人都有自己的想法和来中国的目的。吉米当时比较希望能和新华社的记者聊天，和红卫兵接触一下，如果可能的话还想和主管新闻的官员见面，和吉米有同样要求的还有两个同伴。由于时间有限，每个人的诉求又各不相同，于是他们十五个人集中在一起，短暂地开了个会，提出自己想做什么，想见谁等，然后折中了一下，和中国友协负责接待的官员拟定了一个日程。吉米他们三人接触到了一个新华社也可能是《人民日报》的记者，名字他已经不记得了。最开始他们在北京访问，之后去到延安，在延安他们看了毛主席工作的窑洞，并和当时在延安下乡的红卫兵交流，看他们在那里做什么，对这个社会有什么样的想法。同时他们也给红卫兵们讲述在菲律宾搞学生运动的事情。按照计划，他们从延安还要回到北京，之后从北京出发再去访问上海、杭州、广州，然后从广州出发去香港，最后从香港回到菲律宾。

可是让人没有想到的是，在访问的第二个星期，也就是吉米他们在延安的时候，负责接待的单位给他们所有人紧急开了个会，告诉他们在菲律宾国内发生了一些事情，不知道会不会影响他们回国的情况。当时情况不明，所以吉米他们决定先按照计划回到北京，等了解到更多的情况之后再做决定。于是他们就回到了北京，在北京照样按照之前拟定的日程进行访问。但是他们已经意识到菲律宾国内发生了变故，而且情况可能没有他们想象的那样简单，所以在访问之余，他们几个人经常开会，商量应该怎么办。

几天后，中国负责接待吉米的单位把菲律宾的报纸从香港空运过来，他们才知道在中国的这段时间里菲律宾国内发生的政治事件。当时在马尼拉发生了一起爆炸，马科斯总统以此为理由，开始实行戒严，同时逮捕了不少人，大概有几百人，包括像吉米这样的大学学生领袖。被捕的名单也登在报纸上，吉米看到了自己很多老师和同学的名字。后来，吉米和另外四人在报纸上发现自己上了政府的"黑名单"，这对他们来讲是一个很大的打击，不知道自己怎么办，倒也不是出于害怕，主要是担心能不能够回到菲律宾去，回去之后会有什么后果，而且那时大家也开始很想家。但是菲律宾国内的事态已经发展到了那个地步，吉米渐渐意识到自己回家可能是一个问题,所以对未来的去处也有了一个问号。其余的人也都考虑了好几天,但很难达成一个集体的共识,因为每个人有每个人不同的状况。在十五个人中,有两个刚刚有了孩子,还有几个人有要结婚的对象,所以都迫不及待想要回国。没上黑名单的十个人反倒比吉米他们更加犹豫,因为吉米他们肯定没办法按计划回国,但是他们也许有回去的可能,但回去后会发生什么又是未知的。

经过几天没有睡觉的考虑和商量,没上黑名单的十个人决定分两批回国,一批在十月底,另一批在十一月。后来吉米才知道他们在菲律宾机场被拦住了,这说明其实政府早已经掌握了来中国游学的十五个人的名单。不过最终这十个人还是入境了,因为他们是回国而不是逃跑,如果回国有什么事情,他们有律师和他们一起上法庭。而吉米他们五个人由于上了政府的"黑名单",就不得已推迟了回国的计划,本来是三个星期的游学,结果由三个星期变成几个月。

几个月之后,大概是1972年的夏天,马科斯总统的任期已满,但是他开始贪恋总统的职位。为了维持他在菲律宾的统治地位,从而建立马科斯王朝的目的,马科斯于1972年9月21日签署"军事戒严令",宣布在全国实行军阀统治,逮捕了反对派领袖贝尼尼奥·阿基诺和数以千计的"颠覆分子",并禁止游行、集会和罢工。在严酷的军阀统治下,议会形同虚设,政党活动被禁止,大批反对他的政界人士、学生和记者身陷囹圄,使得在菲律宾社会上"国人莫敢言,道路以目"。

在实行军阀统治之后,吉米他们回国的希望就更加渺茫了。一开始他还寄希望于动乱平息后社会能够正常化,可是到了第二年9月军阀又逮捕了很多人,而且把很多基本的自由给剥夺了,大部分媒体也被关闭和没收。所以吉米他们能够回国并且得到公平的对待几乎是不可能的,因此他们只能死心,接受要滞留在中国这样一个现实。如果当时吉米没有离开菲律宾来到中国,或者按照计划返回菲律宾的话,结局是很可能被政府逮捕。在回国的那十个人中有一个是天主教的牧师,在中国游学时是吉米的同屋。回国后这个牧师在宗教界参与了一些反对政府的活动,等到军阀统治后他转向了地下。后来吉米听说70年代末是人们最后一次见到他,之后他就失踪了,到现在也没有音讯,不知道他到底发生了什么。吉米曾经向他的亲戚打听过同伴的下落,他说到现在也没有消息。

又过了一年,也就是1973年,吉米的菲律宾护照就过期了,他成为一个无国籍的人,也就彻底回不去了。而且令他没想到的是马科斯的军阀统治一直持续到80年代初,所以整整十二年,从1971年到1983年,吉米都没有办法回国。

1971年的中国发生了震惊中外的"九一三"事件，时任中国共产党中央委员会副主席的林彪携妻儿乘坐一架飞机从山海关机场强行起飞外逃，却在蒙古国机毁人亡，机上九人无一幸免。从此，林彪反革命集团宣布覆灭，也间接宣告了"文化大革命"的理论和实践的破产。

在"九一三"事件发生后的第一时间，由于没有正式的确凿的证据证明林彪的死亡，所以中央对人民严格保密了这一事件。但是还是有很多人9月13日当天就从境外广播得知了这一消息。当时的境外广播被称为"敌台"，在知青中间，尤其是远离祖国心脏的知青们，是一项非常普遍的事情。当时听"敌台"，并非完全是关心政治和时事，也是为了娱乐。日复一日，听的"敌台"多了，脑袋里的东西就多了，对当时中国和世界的看法也就不一样了。吉米他们也是从"敌台"听到了林彪出逃、坠机蒙古的消息。他们最开始并不认为这一消息是真实的，觉得是西方世界对中国的一种诽谤。他们告诉他们的翻译有这么一个消息，但是翻译对此保持了沉默，并没有否认。从1971年9月18日起之后的三个月时间里，中央才陆续下达了有关林彪叛逃出国事件的一系列文件，至此，举国哗然。

原本那一年的国庆计划在天安门广场举行阅兵仪式，9月份的时候吉米路过天安门，还能看到民兵在训练方队，可是后来突然宣布那一年的阅兵被取消了，于是吉米他们开始意识到林彪事件的意义和严重性。果然那一年的国庆，关于林彪的一切都被有意地忽略了，而《毛主席语录》里有林彪的几页也被撕掉了，同时吉米发现接待他们的中国官员和他们的中国朋友的神情总是很紧张。那个时候吉米他们参加了周恩来总理举办的国宴，国宴结束后他们都很兴奋，想在天安门广场走一走，接待单位犹豫了半天同意了他们的要求，但是只给了他们很短的时间，大约半个小时，让他们简单地转了转。

在吉米看来，林彪事件是整个"文革"十年的转折点，他们来到中国正好赶上了"文革"的后半段。林彪事件后中国在各个方面都悄然发生了改变，在吉米刚来中国的时候，很多人还是拿着毛主席语录，然后还佩戴着像章，穿着当时的服装。后来10月底的时候，吉米发觉接待他们的干部已经不佩戴像章了，也不拿着"红书"了，每天都在开会，但是也不让吉米他们参加。那时他们开始逐渐意识到林彪事件的意义，其中一点是改变了中国人当时的行为和做法，包括对毛主席的崇拜，虽然还在继续，但是不那么狂热了，很多画像也是在那个时候被摘了下来。当时大部分中国人对林彪事件的态度是松了一口气，在他们眼中，这意味着一种生活正常化的开始。

下乡入湘

在 60 年代和 80 年代两个狂飙时代之间的短暂间隙内,在中国有这样一代人度过了自己最宝贵的青春时光。这代人的成长环境和成长经验非常特殊,几乎是从懵懵懂懂的时期直接跨进了 70 年代这个罕见的历史夹缝中,并在此完成了自己的成长,走向了成熟。知识青年,这在今天的中国依旧被反复提起、讨论和演绎的四个字,承载了多么沉重的历史意义。

早在 1953 年,《人民日报》就发表社论《组织高校毕业生参加农业生产劳动》,1955 年毛泽东提出"组织中学生和高校毕业生参加合作社的工作,值得特别注意,一切可以到农村去工作的知识分子,应该高兴地到那里去。农村是一个广阔的天地,在那里是大有作为的",这也成为后来知识青年上山下乡的口号之一,也是从这一年开始,共青团组织农场、鼓励青年人参加垦荒运动。美术家朱宣咸在 1958 年创作的作品《知识青年出工去》,就非常生动地记录了那个特定时代在北大荒农垦的知识青年劳动和生活的画面。后来,在 1962 年有人开始提出要将上山下乡运动全国化地组织起来,两年后,中共中央专门为此特别成立了一个小组。

1966 年"文革"开始后,高考停止,许多中学毕业生没有办法进入大学继续深造,同时也没有渠道和机会进入社会开始工作。而1966—1968年"文化大革命"初期的动乱使得中央领导机构意识到他们不应该让这些年轻人成天无所事事地游荡在城市的街道上,而是应该让他们安置下来,能够有事做,以此来控制当时危机四伏的局面。1968年12月22日毛泽东授意《人民日报》发表了题为《我们也有两只手,不在城里吃闲饭》的文章,文中引用了毛泽东"知识青年到农村去,接受贫下中农的再教育,很有必要"的最高指示,全国也开始有组织地将中学毕业生分配到农村去。从而许多年轻人背起了行囊,告别了父母,告别了从小生活的城市,带着一点稚气、一点天真、一点懵懂、一点向往,来到了陌生的天地,奋战在农业生产的第一线。

这就是吉米被迫滞留中国时,国内和他年龄差不多大的青年人的境况。由于当时的中国不允许接收外国学生入学,所以吉米他们想要在中国上大学的要求并没有得到满足,但是接待他们的单位表示可以给他们安排工作,于是吉米在1971年的冬天也被卷入到这如火如荼的上山下乡的浪潮中。

吉米他们一行五人被安排在湖南省衡阳市郊区的一个国营农场——湘江农场下乡,由湖南政府负责接待。当得知被安排在湖南下乡的时候,吉米他们十分兴奋,不仅仅是因为湖南是毛泽东的故乡,有着不一般的意义,同时他们翻看地图,发现湖南的地理位置位于北京的南边，因此他们以为气候应该和菲律宾差不多，应该能很快适应。但是令他们没想到的是，湖南的冬天也十分寒冷，需要靠烧煤球取暖，这使之前的二十年一直生活在常年高温湿润环境中的吉米感到很遭罪。

吉米他们一般上午干农活，下午会抽出两个小时时间跟随他们的翻译老师学习中文。在湘江农场的时候，吉米几乎什么农活都干，比如春天的时候跟随当地的农民去种水稻，由于水稻田里的水很冷，而且还有很多血吸虫，所以吉米他们很辛苦，小腿也经常被叮得斑斑驳驳，找不到一块好皮肤。毕竟之前他们在菲律宾都没有接触过农活，而且还是"老外"，所以当时也没有对他们的劳动量有过多的要求，并且给他们的待遇很好，虽然很冷，但是他们有足够的煤球供给，在宿舍里也可以自己烧热水喝，只是没有条件洗热水澡，所以吉米他们大概每周会进城一次，洗个痛快的热水澡，吃点好的改善一下生活。当然负责接待他们的单位提供给他们吃的东西也足够多，完全能够吃饱，只是吉米不太习惯湘菜里的红辣椒，每次吃饭都感觉到很不习惯，但是现在的吉米已经很喜欢吃辣了，经常叫湘菜或者川菜的外卖。

有时候吉米他们会和民兵一起工作，民兵算是"突击队"，哪里有需要他们就会到哪里去。吉米想通过这样的方式，多做一些农活，虽然会很累，但是是一个很好的接触当地农民的渠道，可以近距离地看到他们真实的生活状况，同时也有机会交到很多当地的朋友。在吉米看来，当时中国的农民过着十分简单和清贫的生活，除了在计划经济体制下凭票购买粮食和必要生活用品，其他的副业发展很受限制，因为在当时的中国对在基本的农业生产之外搞不搞副业生产有很大的争论，讨论这会不会是资本主义的尾巴等问题。但由于光靠种植水稻实在挣得很少，很难满足当地人的物质需求，所以种植茶和橘子的副业还是缓慢地发展起来了，同时当地人也养一些牲畜，比如猪和牛来增加收入，以提高他们的生活水平。

上午干完农活后，下午如果不需要他们帮忙，基本上就是属于他们的学习时间。那时他们有一个随队翻译，兼任了他们的中文老师。老师名叫宋明江来自北京语言学院，后来转到了外交部工作，所以在教"老外"学汉语方面有一定的经验。宋老师后来当上优秀的外交官，退休时任中国驻欧盟大使。他们像中国的孩子刚上小学时一样，从最基础的拼音学起，再慢慢过渡到字、词和句子。老师给他们每人发了一本小册子，上面有几篇课文，大多都有浓厚的政治色彩在其中，后来老师在课本的基础上又扩充了他们的日常用语的词汇量，这样他们在日常生活中就不需要翻译了。吉米在学习中文的过程中遇到了很多困难，甚至有一段时间他想完全"投降",觉得自己在短时间内肯定是学不会了。首先和菲律宾语有很大区别的是汉语是方块字,各种笔画就让吉米十分头疼。其次是语法,虽然中国的语法很简单,但往往越少的语法规则学习起来就越困难,因为约束少了,随意的地方就多了。还有一个比较有趣的困难是,老师教他们中文时使用的是普通话,但是他们自己平时和当地人交流时听到的又是方言,所以经常就搞混了,闹出了不少的笑话。吉米现在偶尔还会冒出几句当年下乡插队时学会的湖南方言,最起码是完全能够听懂。就这样靠着老师的帮助和自己平时与当地人的交流,吉米现在已经能说一口流利的中国话,甚至很多的俗语、土语他也能够完全了解是什么意思,基本上和中国人交流没有任何的障碍。

吉米还接触到了下乡当地的一些干部,尤其是负责管理他们和照顾他们生活的干部。有一个湖南省外办的干部,比吉米大二十岁左右,吉米称他为"老恩人",他在吉米下乡的时候一直照顾他们的生活和所需要的东西,也经常和他们交流,让他们更加全面和深入地了解中国的情况。现在吉米口中的"老恩人"来北京时两人还会聚一聚,共同回忆那段蹉跎的岁月。

吉米他们与当地的知青也有一定的接触,但不多,一是知青和他们并不住在一起,平时工作吉米他们也是跟着当地的农民和民兵,所以没有什么接触的机会。同时对于当时的中国人来讲，和"老外"接触会有很大的风险，很容易被人怀疑是间谍，所以虽然对外面的世界和外面来的人很好奇，但更多的是怀有一种戒备的心理。

可以说吉米在湖南衡阳下乡的大半年时间是一个非常宝贵而且特殊的经历，因为知青是那样一个特殊年代的特殊产物，虽然之后在文坛上众说纷纭，将这样一个上山下乡的运动打上各种各样悲剧式的烙印，以描写知青生活为主的伤痕文学更是在80年代初的文学史上占据着主导地位，但是在吉米和很多亲身经历过那段岁月的人看来，那并非完全是一种迫害，一种虚度，一种扭曲，而是带有对那时血气方刚、怀抱建设理想的青年人的一种成全。那时在全国各地的草棚里，在挥舞锄头的间隙，在昏暗如豆的油灯下，许多人做着各式各样的、深刻的思想梦，试图活出个新模样，寻找新的人生意义。那是个表面上文化贫瘠的时代，在官方意识形态统领的文艺方向的表层下，一股股新鲜的文化潜流涌动着，交汇在一起，正因为这样的铺垫，80年代才会有这样的"狂飙突进"，才会有那样一次划时代的文化群体勃发。而对于当时的吉米这样一个并不了解中国的"门外汉"来说，上山下乡这样一个浪潮在他看来是一件很好的事情，无论是从理念上还是从实际上都是有道理的。就像吉米之前说过，他很多的知识都是从书本外面获得的一样，他认为知识分子不应该囿于课本，应该接触实际，走到占中国人口绝大多数的农民中间去，与他们沟通，了解他们的生活和想法，从而了解真正的中国。但是时间久了，吉米也有这样的疑问，这些年轻人是否就要在农村度过他们的一生呢？下乡到底是一辈子还是一段时间？如果是一辈子，这样的浪潮是不是就失去了当初的目的和最终的意义？

对于知青运动，邓小平在1978年曾经这样说道，国家花了三百个亿，买了三个不满意，即知青不满意，家长不满意，农民不满意，后来据说李先念又给加了一个国家不满意。但是有的知青认为在农村生活的这段经历磨炼了他们的意志品质，了解了普通大众的生活，为日后的学习工作打下了很踏实的基础。也有知青为那段青春岁月抱有怀旧的情绪，甚至有人自称："在广阔天地里度过了少年和青年时代的这一代人们，有一个共同的感受——绝不后悔！"

总而言之，吉米眼中的知青上山下乡并不应该被简单地定义为对人民的愚弄和迫害，这场运动并非一无是处，至少出发点是好的，并且对于农村的教育普及、合作医疗制度的建立和乡镇企业的建立都起到了决定性的作用，大幅度改变了农民的面貌。可以说吉米对于知青运动的评价的立场应该是十分客观的，因为他并没有像真正的中国知青那样被消耗掉了最美好的青春岁月，使得之后的评价和演绎带有很浓重的情感色彩，但也真实地参与了其中,所以他既是一个局外人,又是一个参与者,这是一个十分难得的身份,让他能够冷静地,同时又深刻地了解当时中国的社会面貌,了解当时中国各阶层的人们所经历的生活和他们的思想,这为他日后成为外媒报道中国的主力军也奠定了坚实的基础。

吉米在中国赶上的是后"文革"时代,那时虽然也背过几段毛主席语录,但已经过了"早请示晚汇报"的时候,他也没有看过真实的批斗现场。当时的"文革"对于吉米来讲算是一件比较浪漫的事情,是政府想改变当时流行的一些理念,想要真正地反对腐败、反对特权,同时把工农兵的地位提高,所以有一点类似于平均主义,这就和马科斯搞的独裁和军阀统治的出发点是完全相反的。只不过"文化大革命"作为一个政治事件偏离了轨道,给很多人带来了灾难,也直接或间接地导致了很多的牺牲。虽然可能出发点是很好的,是想做出一些改变,让社会主义的发展更加顺畅,但贯彻的过程中还是有很大的局限性,最终导致偏离了轨道,失去了控制。而"文革"对言论的控制则是一种错误,一开始说要"百花齐放,百家争鸣",但是百花齐放后很多人就被划为"右派",受到不公正待遇,因此对这一点始终还是应该持有一种批判的态度。

吉米认为,"文革"作为一场政治运动不能这么搞,腐败要反对、特权也要反对,更要兼顾工农兵老百姓的利益，但是搞得有点过分了，失去了控制，偏离了之前的初衷。比如说教育革命要给工农兵公平的机会，但是很多人由于家庭背景就被排除在了门外，这样就把之前的很多原则给歪曲了，甚至丢弃了，然后这场运动就逐渐演变成了某一派镇压另一派的工具，失去了原本应有的意义。

现在的吉米，回忆在湖南下乡的时间要多过于对"文革"的理性思考，说实话，作为一个媒体人，吉米更多关注的是当下发生的事情，对于过去的历史事件并没有倾注太多的心血，这也是大多数媒体人的立场。

或许是有着与其他外媒记者不同的特殊的经历，吉米对70年代的中国有着特殊的感情，在他的内心里永远会为那段并不算长的岁月保留一个柔软的角落，那些日出而作日落而息的日子，与汉语"搏斗"的日子，在寒冷的冬夜围着煤炉瑟瑟发抖的日子，不习惯饭菜里红辣椒的日子，都将成为一份真挚的、温暖的回忆，伴随着他的人生。

烟台打鱼与1976

吉米在湖南待了六七个月的时间，之后又再次回到了北京。那时是1972年的夏天，菲律宾国内已经处在马科斯的军阀统治之下，吉米他们还是很想找机会回国，但是国内的形势比他们来中国之前要糟糕很多，回国已经彻底没什么希望了。于是在北京待了几个月之后，吉米他们向接待单位再次提出工作的要求，这一次他们被安排到了山东烟台的渔业公司工作，从农民变成了工人。

这家渔业公司的性质是国营的，吉米他们主要的工作是跟随渔船出海打鱼，没有在湖南衡阳下乡时那样辛苦，但是比较无聊，因为经常一出海就需要五六天的时间。出海时是两艘船拉着一个大网，然后把网撒进海里就可以了，由于那时已经是半机械化的操作，所以需要人工的地方不多，只需要一些基本的机器操作。出海的范围基本是在黄海，有时候会到达上海码头，在那里卸货、给船加油、同时补给淡水和食物等。在这期间，吉米学会了开船，学会了如何操作船上各种各样的机器，学会了如何控制船的方向，使其准确地靠岸。出海一次可以打到不少鱼，有时候甚至能捕到不少龙虾，船的底部是一个大的冰柜，捕到的鱼被储藏在那里，等靠岸了就拿出来卖，能卖不少钱，所以这家国营的渔业公司效益是很好的。

由于每次出海都要将近一周的时间，除了撒网打鱼之外就没什么工作了，所以吉米只能在床上看书或者和一起出海的工人们聊天。每次出海前，吉米都会选择带一批资料到船上去读，有中文书，还有一些报纸如《人民日报》，或者新华社的稿件等，吉米看的中文书大多是新华社出版的政治书，也有少量的小说，吉米印象最深刻的是曲波的《林海雪原》，而根据《林海雪原》改编的样板戏《智取威虎山》吉米也有很深的印象，他的中文老师宋明江还教了他们其中两个选段：《我们是工农子弟兵》和《共产党员》，至今他都还能唱出来。当然样板戏他也看了好多遍，毕竟那时街头巷尾、家家户户、舞台上、广播电台里、电视电影里都是样板戏，所以几乎都能背下来台词，但是现在他已经差不多都忘了。吉米还看过几段《三国演义》，但是没有看完，也读过《红岩》和刘胡兰的故事，虽然吉米对这种政治类的小说兴趣不大，但在当时那个年代实在没有太多的选择。同时还有少量的英文书。由于当时的中国对于书籍的控制还是比较严格的，吉米的英文书都来自他们在北京认识的，一个长期在京工作的美国家庭里，吉米从北京离开前往山东时借了几本，基本上都是小说，在当时的中国能读到英文原版小说是十分不易的，如果其他知青知道吉米有这样的资源，一定十分羡慕。

吉米一边阅读中文书，一边复习提高自己的中文水平。有一次一个翻译借给了吉米一本中英文字典，他翻了一下觉得很有意思，因为里面的词语和例句大多不属于日常用语，而是政治用语。这本字典属于内部资料，市面上是买不到的，但是吉米十分想自己有一本，所以他借来后就开始一页一页地手抄字典，抄到差不多一半的时候他把字典还给了那个翻译。翻译得知他十分渴望得到这本字典，甚至手抄字典之后很感动，于是干脆将字典送给了吉米，吉米既兴奋又感激。至今吉米仍保留着的这本字典，除了书页已经泛黄之外，整本字典平整干净，可见吉米对它是多么的珍惜。

除了读书之外，吉米还会和船上的工人聊天，一方面继续提高自己的中文口语水平，另一方面也是了解工人的生活情况和他们眼中的中国。这些工人虽然工作比较辛苦，和家人聚少离多，但是生活条件还是比农民要好很多。有的时候他们会在船上包饺子吃，这也是吉米最向往的时刻。他也在那个时候学会了包饺子，虽然包得不太好，也在那个时候开始吃生蒜。为了调节单调的海上生活，吉米和工人们一起举行吃饺子大赛，比谁吃得又快又多。那些工人胃口都很好，一口气能吞下去五六十个饺子，但是吉米就不行了，大概只能吃二三十个就再也吃不下了。现在的吉米回忆起那个时候吃的饺子的滋味，口水都要流下来了。

总之，在烟台的日子过得还算比较滋润，虽然无聊了一些，但是宿舍的条件非常好，还顿顿都有新鲜的鱼肉吃。吉米在那里度过了大概一年半的时间。

从意外滞留中国，到去湖南衡阳下乡，再到烟台的渔业公司，吉米和其他四个在菲律宾国内上了"黑名单"的同伴一直没有分开。这五个人中唯一的一个女生在荷兰从事社会工作，还有一个男生在中国学习中文后念了中医学院，学了中医研究，现在在墨尔本从事中医。这两位在80年代初的时候就离开了中国，都是因为结婚所以拿到了护照。其余的三个人，包括吉米则选择了媒体行业，有一个是美国ABC驻京的社长，已经退休两三年了，另外一个目前是美国NBC全国广播公司的驻京社长，而吉米则是美国CNN驻京社长。

1974年春天吉米他们再次回到了北京，那个时候政策已经慢慢开始松动，他们也听说有一个北京语言学院可以让他们学习中文，所以再次向接待单位提出入学请求，于是在那年秋天他们进入北京语言学院（后来更名为北京语言大学），正式系统地学习中文。北京语言学院建校于1962年，当时校名为"外国留学生高等预备学校"，主要功能即是教外国留学生学习汉语，学成之后再进入其他高校继续深造。

随着1971年美国总统国家安全事务助理基辛格两次来华访问，并且在同年11月中国恢复了在联合国的合法席位，中国开始渐渐与外面的世界接触，所以在那几年国内的外国留学生很多，特别是欧洲的留学生，比如英国、瑞典、意大利、法国这些国家，还有一部分是从非洲以及越南、老挝、柬埔寨这些第三世界的国家来的。那个时候进入北京语言学院学习的留学生大约有三四百人，除此之外还有很少的一部分是中国学生学外语。

由于吉米他们在中国待了近三年的时间，有一定的中文基础，不用从零学起，所以就把他们和两位美籍华人和加籍华人分在一个班，教的进度比较快，原定三年的学习时间也被压缩到了两年。当时学习的是学校统一发的课本，教学内容依然偏政治化，课本的内容包括雷锋和刘胡兰的故事。他们住在学校的学生宿舍里，和其他外国留学生用英文打交道、交朋友，了解各自国家的情况和文化，开阔了眼界。更重要的是，告别了过去三年奔波不定的生活，不用再干农活和出海打鱼，吉米他们就像那些返城的知青一样，回归了学生的身份，与过去的生活接轨了。

1976年吉米从北京语言学院毕业。这一年对中国来说有着极不平凡的意义，不仅是灾难深重的一年，也是结束十年浩劫、改变命运的一年。其中给中国人民造成极大重创的就是发生在7月28日凌晨的唐山大地震，震级达到7.8级，强震产生的能量相当于400颗原子弹的爆炸，顷刻间，唐山这座城市被夷为平地，死亡人数达到24万多，而中国有整整14个省、市、自治区有震感，距离唐山很近的北京和天津更是受到严重波及。

这样一场震级罕见、伤亡人数惊人的大地震发生后，无疑给当时正处在政治动乱的中国雪上加霜，那时毛泽东主席病危，"文化大革命"无以为继，国营经济濒临破产，集权政治极不稳定，再加上之前周恩来总理和朱德委员长的去世，一时间谣言四起，人心惶惶，北方所有的城市都在提心吊胆，害怕余震，每家每户都准备好应急包，京津地区的人们更是长时间远离建筑物，只住在临时的帐篷里。吉米他们也不例外，临时在劳动人民文化宫搭帐篷住了几天。后来他们这些在京津两市的外国人被紧急转移到了南方，于是吉米他们又回到了湖南，在长沙住了近一年的时间。在这期间吉米没有工作，而是陪着一个菲律宾的同学养病看病，同时继续自学中文。在没有工作的这段日子里，吉米的主要经济来源来自接待单位的生活费补助，一个月有七十块钱左右，在当时算是高收入，相当于中层干部，但是在计划经济体制下的中国也买不到什么东西，当然也不需要买什么东西。

如果说1976年的唐山大地震给中国人民造成了极大的伤亡，那么毛泽东、周恩来和朱德三位伟人的逝世则震动了整个中华民族的灵魂。对于已经在中国待了快五年，且深入到人民中间去的吉米来说，毛泽东和周恩来的名字是再熟悉不过的了。在吉米来中国之前，就读过毛泽东的一些著作，也是从这些著作里，他对中国有了初步的了解。之后来到中国的吉米更是在那样一个特殊的时代熟读了《毛主席语录》。对于毛泽东的评价，中国最官方的说法是"三七开"，七分功绩，三分过失，而吉米对毛泽东的评价也很类似。他眼中的毛泽东是一位伟大的革命家和军事家，在极其艰苦的条件下，运用过人的军事才能打败了国民党，打下了江山，建立了中华人民共和国和中央人民政府，在这九百六十多万平方公里的土地上确立了共产党的统治地位，推翻了帝国主义、资本主义和官僚主义三座大山，将全国人民解救于水深火热之中，是"人民的大救星"。但是不得不承认而且也不能忽视的是，在执政的时候，管理这么大的一个国家他的有些做法还是有一定的问题的。他首先领导了伟大的中国革命，但后来作为管理者和建设者出现了一些错误或者缺陷。吉米很认同中国官方对于毛泽东的评价，认为这种评价既发扬了毛泽东的功绩，但又没有掩饰他的过失，因为毛泽东毕竟不完美，还是会有很多争论，但是已经是一个非常不简单、非常杰出的领导人，值得敬佩。

吉米对于周恩来同样十分敬佩，也看了不少有关他的文章和书，吉米认为周恩来是属于另一种类型的中国领导人，同样很杰出。吉米最崇拜周恩来的是在外交方面，特别是和美国的外交方面，与时任美国总统尼克松会谈，发表《中美联合公报》，吉米看了一些材料，认为周恩来在外交场合上很有风度，也很有知识，颇具大国风范，给中国国际地位的确立立下了不容忽视的功劳。

1976年1月8日，人民的好总理周恩来逝世，全国各族人民陷入了无限悲痛中。然而此时，"四人帮"却压制人民悼念周恩来的活动，并诬陷邓小平，加紧篡党夺权，终于激起民愤。于是在清明节前后，北京市上百万群众自发地来到天安门广场，在人民英雄纪念碑前献花篮、送花圈、贴传单、作诗词，悼念周恩来，支持邓小平，声讨"四人帮"。对于这种大规模的群众运动，"四人帮"第一时间采取了措施镇压，歪曲和捏造事实欺骗毛泽东和中央政治局，将运动的性质定义为"反革命性质"，并开始迅速清理广场上的花圈和标语，并抓走了很多坚持在广场上悼念的群众。4月5日，天安门广场上形成了大规模的群众抗议活动，人民高呼着"还我花圈，还我战友"的口号，同工人、民兵、警察和战士发生严重的冲突，导致车辆和治安岗亭被烧。当天晚上七点半，中共北京市委第一书记吴德在广播讲话中强调天安门"有坏人进行反革命破坏活动"，警告人们要"认清这一事件的反动性"。两个小时后，一万多民兵、三千多警察和五个营的卫戍部队包围了天安门广场，并对广场内的群众进行了强制清场。

当时正在北京的吉米也在那个时候去过天安门，但作为外国人他没有办法直接参与，只是一个旁观者。在

吉米看来,四五运动算是一场自发的群众运动,是一个必然会发生的事件,而周恩来的逝世则是一个导火索,一个契机。四五运动其实是一种被压抑了很长时间的宣泄,有对周恩来的崇拜和怀念,更多的是一种对现实的不满的表现,以及对于未来中国能够做出改变的希望和诉求。

之后的1977年中国又发生了一件具有转折性意义的大事,因"文化大革命"的冲击而中断了十年的中国高考制度得以恢复,一时间,成千上万的人,包括知青、工人、农民和复员军人等都重新拿起了课本,加入到了求学大军中去。正式恢复高考的文件下达后一个多月就要进行考试,一时间人们又兴奋又焦虑,尤其是课本的缺乏让很多人如同热锅上的蚂蚁,急得团团转。

当时最流行的一套课本是《数理化自学丛书》，几乎人手一本，而图书馆也是人满为患，人们发誓要把"'文革'十年失去的时间补回来"。这壮观的读书场面，其实距离"读书无用论"的流行只不过几年的时间，也印证了恩格斯说过的"没有哪一次巨大的历史灾难不是以历史的进步为补偿的"。

而吉米也正是赶上了这样一个浪潮，虽然作为外国学生，他没有和当时的千军万马一起过独木桥，而是单独参加了专门为留学生准备的考试，并考上了北京大学历史系，但恢复高考对他的意义无疑是和当时的中国青年一样的，是改变命运的一刻，是重新起航的一刻，而他的人生在考上北京大学之后翻开了崭新的一页。

第二章 未名湖畔的"北大人"

初入北大

再次回到北京,为了能够在中国更好地学习和生活,吉米和同伴都非常渴望能有继续学习中文的机会,于是他们就向中方提出了这个要求,而后在相关人员的帮助下,他们于 1974 年秋天在北京语言学院开始了自己的留学生活。由于已经具备了一定的中文基础,吉米在北京语言学院仅用了两年的时间就完成了原本需要学习三年的课程。

1976 年吉米从北京语言学院毕业,那时他已经能够较为熟练地使用中文。本想在有了一定的语言能力之后继续深造,谁料他刚一毕业就赶上了惨绝人寰的唐山大地震。在那次地震中，北京市受到了严重波及，那期间吉米在当时的劳动人民文化宫临时搭帐篷住了几天。为了防止发生余震而导致形势恶化，相关部门把包括吉米在内的一批外国人移送到了南方，吉米也就再次回到了湖南长沙。在长沙生活了几个月之后，吉米才再次回到北京。

1977年中国恢复高考。1977年9月，中国教育部在北京召开全国高等学校招生工作会议，决定恢复已经停止了10年的全国高等院校招生考试，以统一考试、择优录取的方式选拔人才上大学。此次全国高校招生工作会议决定，恢复高考的招生对象是：工人、农民、上山下乡和回乡知识青年、复员军人、干部和应届高中毕业生。

因为外国人的特殊身份，吉米虽然无法和其他中国学生一起参加高考，但在中文水平考核过关后，他也进入了北京大学进行本科阶段的学习。吉米选择了历史系的历史专业，成为燕园里的一名菲律宾籍留学生，和他一起在历史系本科班里学习的还有另外三位留学生，其中两名来自日本，一名来自巴基斯坦。之所以选择历史系，首先是因为吉米对历史非常感兴趣，另外在他看来，"学习中国历史可以让人更好地了解中国的过去，而这对分析中国现状也会有很大的帮助"。

1977年10月，吉米第一次踏入了北京大学的校园。

古色古香的建筑、美丽的未名湖，这些美好的事物都在吉米心中留下了深刻的印象。三角地可以算是当时北大校园的中心，那里张贴着各式各样的大字报、广告和通知，让吉米目不暇接。学子们走路或骑着自行车穿梭在美丽的燕园中，朝气蓬勃，神采飞扬。一想到自己也成为他们中的一员，吉米就觉得特别兴奋。吉米还专门跑去了学校里"书味"最浓的图书馆，站在馆前的毛主席像下，抬头仰望红色浪潮中伟人的雕像。吉米此时心中既激动又茫然，"自己终于也要成为北大的学生啦"！

刚刚踏入北京大学的校园，吉米尚不能体会其中真正的精神内涵，但在北大既凝重又活泼的氛围中，他还是先咂摸出了"传统"的味道。古朴的燕园风物让吉米意识到了这所高等学府的非同一般，而它本身所沉淀的历史记忆也让吉米心驰神往。

不久之后，吉米意识到，当时空气中弥散着浓厚的追求独立自由的学风。其中一个重要的部分叫作"欢迎德先生和赛先生"，而这一象征着追求真理的北大精神也将或迟或早地深深浸入每一个北大人的心中。

与惯例不同，恢复后的首次高考是在冬天进行，而非夏天，所以吉米的 1977 级同学们是在 1978 年春天入校的。在 1977 年秋天入校之后，吉米先和工农兵学员们一起上了一些必修课。

工农兵学员的背后带有浓厚"文革"色彩的教育理念。"文化大革命"一开始，高考就被取消，直到1971年，大学才重新开始招生。当时中国的领导人将教育制度改为以推荐为主，大学新生直接从工人、农民和士兵中推荐产生，而不是通过高考。中央政府把新生名额分配给各部、各省和部队，再由它们逐级向下分配名额。报名者必须当过三年以上工人、农民或士兵，所以才有了"工农兵学员""工农兵大学生"的概念。这项政策在恢复高考制度后才真正结束，所以吉米刚进入北京大学的时候还有一些工农兵学员。

在这半年左右的时间里，吉米一直在和工农兵学员们一起上课。老师们讲授的课程主要是中国共产党党史，其内容基本都是从马克思列宁主义的角度出发来讲解历史。而在那个时候，很多历史问题的答案还比较模糊，所以老师们只讲1949年之前的历史，之后的历史则未涉及。之后从70年代末开始，伴随着教材的改革，课堂教学也逐渐开始改革。而在官方有了对"文化大革命"的评价之后，也会有一些老师开始分析"文革"期间遗留的历史问题。吉米在课堂上感受着授课理念的变化，也从周围同学的身上深刻地感受到了高考对于他们的重大意义。

吉米当时听同学说，他们中的很多人在拿到录取通知书的时候还正在农场工作。支书把他们叫到办公室，说"有你的一封信"，他们打开一看，高兴得不得了。但在当时，吉米也有很多朋友不理解为什么要恢复高考，尤其有许多工农兵学员想不通。他们认同毛泽东主席所说的工农兵改革教育"打破了高校主要招收干部子弟的局面，会给工农子弟更多上大学的机会"，也围绕着"到底是'学而优则仕'还是'教育革命为人民服务'"产生过大规模的辩论。

吉米也了解辩论双方的看法，同时他也有自己的态度。在他看来，恢复高考对当时的中国意义十分重大，首先这是一场关乎个人命运的革命，很多通过高考进入北大的同学都在农村工作，个别在工厂工作，还有极个别的是在中学毕业之后就入校了。毕业之后他们或者走上学术道路成为知名教授，或者进入其他行业发挥才干，大都颇有成就，高考对他们的影响实在是不可估量。虽然按当时的办学条件大学只录取了不到30万人，但是它却真切激励了无数怀揣理想的青年人重新拿起书本，走入课堂，通过知识改变自己和家庭的命运。同时，吉米也觉得，恢复高考也是教育理念的大改变，甚至是治国方针的大改变。他猜想，恢复高考政策打破了当时"凡是毛主席做出的决策，我们都坚决维护；凡是毛主席的指示，我们都始终不渝地遵循"的方针，如果仍按"两个凡是"行事，"工农兵学员"政策也就不可能改变，那么邓小平整个改革开放的蓝图也就无法施行。高考制度的恢复,帮助中国的人才们重新踏上了积极发展的轨道,也帮助中国重新走上了教育发展的正轨。

吃,住,行,学

当时在北京大学作为留学生,男生都住在26楼,女生都住在25楼。26楼的346房间,是吉米在北大一个小小的家。

在吃饭方面,吉米一般都是在食堂吃,而留学生本来是有专门的留学生食堂的,就在26楼后面。但是为了能够和中国同学们更多地沟通、练习中文,包括吉米在内的几个留学生喜欢在中午的时候偶尔去中国同学的食堂和大家一起吃饭。开始的时候,有些老师不太认可他们的行为,吉米他们大致了解了一下原因,原来是因为中国学生的食堂是凭票买饭,每位同学能够使用的票都是有限的,但留学生可以无限制地买票,所以一些老师担心中国学生食堂会供求不平衡。当然,更深层的原因还是70年代初"中外有别"的观念仍深入人心,即便吉米和很多留学生同学都不希望自己有特殊待遇,而是希望能够把相互之间的关系推向开放,但也遇到了一些阻力。

平时大家在食堂就餐,但为了改善生活,大家也会在周末的时候跑到北大外面的餐厅吃顿好的,吉米也算是北大外面长征餐厅的常客。有时候自己去"开小灶",有时候和朋友们一起去聚餐。

因为聚餐,吉米还有过一段"糗事"。有一次,留学生里有一个同学要过生日,说要请客,就把吉米和一些好朋友请去了饭馆。吉米高兴地加入了庆生的队伍,但在聚餐结束结账的时候,寿星开始招呼大家算一算账,"AA制"一起均摊饭费,吉米当场就有点儿傻眼了。因为在他之前的经验和文化习惯里,一般生日会都是由过生日的人来请客,没想到西方的"Dutch treat"(各付各账)文化会突然将了自己一军。那次聚餐花了不少钱,吉米没有提前准备,差点儿就尴尬地掏不够饭费。有了这次的经验,吉米后来就比较"防备"被邀请,或者会提前问清楚是人家请客还是大家掏钱。

不在学校学习的时候,吉米就会和好朋友们一块儿骑着自行车出去玩耍,清华大学、北京医学院、北京中医学院、北京语言学院的校园里都留下了吉米和伙伴们的足迹。五道口算是学校附近改善生活的大本营,那里有饭馆、百货商店还有工人电影院,满足着学生们对娱乐的需求。当时北大附近有一部分是农田,有一些马路旁边是农田或是荒地,海淀整体也就是一大片郊区,所以去市中心玩一圈对大家来说也都算是"进城"了。除了在校园里或其他学校里骑骑自行车,吉米偶尔也会在周末的时候和朋友们一起进城。因为汽车还比较少，大家骑自行车也能在半个小时之内到达城里，一路上说说笑笑根本不觉得累。不骑车的话，大家就先到北京动物园附近，在公共汽车枢纽站坐上开往城里的公交。

学生吉米对北大最为敬佩也是最为神往的地方就是深藏于其中的大师风度。

中国著名的宋史大家邓广铭给吉米留下了很深的印象，他曾上过邓广铭先生一个学期的课程，当时由于旁听这门课的人特别多，有时候教室里几无立锥之地。因为对古代汉语的掌握程度十分有限，有些课程的内容吉米听得一知半解，但他也深深地被邓广铭先生的渊博知识和学人风度所折服。近代史大家王晓秋先生对吉米的影响更大也更直接，他为吉米了解中国近现代历史打开了一扇大门，在他的帮助下，吉米最终写成了关于"一二·九运动"的毕业论文。

吉米和汤一介先生也有过一段交往的经历。汤一介先生当时是北京大学哲学系的教授，他的夫人乐黛云则在中文系任教。两位先生很好客，对留学生们也很友好，时常邀请这些留学生去家里聊天，就很多问题进行讨论。乐黛云先生因为和学习文史类学科的留学生们比较熟悉，所以她也经常到留学生宿舍和大家聊天。虽然吉米并没有学习过两位先生的课程，但由于在课外接触比较多，所以与两位先生关于当时的形势问题、政治问题和哲学问题所做的沟通也让吉米受益匪浅。这对夫妇的热情好客给了远在他国求学的学子们很多的温暖，而与汤一介先生关于哲学和中国现状的沟通也给了吉米很多的启示。

这些先生让吉米深刻地感受到了北京大学学风之厚重与人性之热诚。时至今日，先生们的风骨仍长留在吉米心中。

除了与诸位先生的接触外，课堂上教学内容的变化也让他印象深刻。"在四年多时间里我学习了四套中国史"，吉米曾经这样打趣地形容自己学习过程中教材的变化。这说法虽然有些夸张，但随着当时中国形势的迅猛变化，历史学系的教材每年都在修改。而在课堂上，吉米也切实地感受到了老师们的教学方法和学术讨论形式中的政治色彩逐渐淡化，纯学术的内容逐渐增多的过程。在这个过程中，吉米感受着政治事件与历史学习的密切联系，这让他有些惊讶，也使他陷入了深深的思考。政治与历史那种说不清道不明的关系对他有很大的教育意义，而老师学者们将学术和政治分开以求客观、公正评价历史的努力也让吉米看到了其学术风骨，让他深为钦佩。

那时上课逃课的学生很少。因为纪律比较严格，同学们的觉悟也比较高，正如吉米所说的，"外面也没什么诱惑，就算逃课之后也不知道该干什么去，还不如好好听讲"。期末考试之前,就像现在"考前突击"的大学生们一样,吉米和同学们也会有几个考前熬夜的日子,大家一起背诵、互相提问。但总归那时候的考试不如现在大学里的考试正规,大家不会特别紧张,主要的精力还是放在日常的读书、学习和丰富的课外活动上。

在还有些陌生的文化环境里学习和生活,吉米适应得很快。虽然一开始吉米与一些老师和同学之间有隔阂,但好在大家对留学生很好奇,所以也就还算友好。作为本科生,吉米在北大的学习是有连续性的,他与很多同学做了三四年的同窗,能比较深入地和同学们沟通,吉米的真诚也使他交到了很多朋友。校园生活单纯又舒服,吉米一直很开心。

"三代"陪住与诸位同窗

陪住制度是北京大学七八十年代实行的留学生管理制度之一。根据留学生的要求,北京大学留学生办公室为每位留学生都分派了一名陪住的同学,期望这些特殊的"室友"可以与留学生们相互帮助,共同进步。陪住的中国学生可以帮助留学生继续提高中文能力,也可以帮助他们更好地理解课程内容,而留学生的外语优势则能够帮助陪住同学提高外语水平。

在吉米四年的大学生活里,前后一共有三位陪住同学和他一起住在 26 楼的宿舍中,张金卫、姜文然、李孝聪——他们都成为吉米最好的中国朋友。

吉米的第一位陪住同学张金卫是一名工农兵学员。张金卫比吉米大一两岁,平常在语言学习和生活方面都曾帮助过吉米很多。在来到北京大学读书之前,张金卫已经在北京历史博物馆工作过一段时间,而这段经历也使他比较熟悉中国历史,在课余他常常辅导吉米当时所学习的课程,帮助吉米弥补以往知识上的漏洞。张金卫当时住在北京,周末往往都会回家一趟,他也时常邀请吉米到家里小聚。

1978 年,吉米的陪住同学换成了姜文然,他是吉米 1977 级历史系世界史专业的同学。他比吉米小两岁,性格活泼,非常喜欢看书。因为姜文然本身的研究方向是世界史,所以对国外的形势环境比较了解,他经常和身为留学生的吉米谈天说地,两个人在宿舍里聊过很多对当时世界的认识和看法。

姜文然在与吉米做室友期间,见证了吉米的戒烟历程,陪他"打"了这场艰苦卓绝的"戒烟仗"。

吉米戒烟的念头萌发于父母来北京大学探望他的时候。母亲注意到吉米时常咳嗽,就劝他说,"看你现在老咳嗽,可能的话还是尽快把烟戒了吧,对身体有好处,还能省点儿钱",还开玩笑地说"你要是省了钱没准儿还能给我买些礼物呢"。母亲的几句话触动了吉米,

他想试一试戒烟，假使能够成功的话，也能让母亲不再为自己那么担心了。

既然决定戒烟，吉米就在吃饭的时候在留学生食堂宣布："从今天起，我不抽烟了！"大家都不信，还笑着调侃吉米，说他戒烟是绝对不可能的。然而这个效果正是吉米想要的。他想利用大家的监督给自己心理以压力，逼迫自己在任何场合都不能再拿起一支烟。

回到宿舍，他也把戒烟的消息告诉了当时的陪住同学姜文然："你把我的烟和打火机没收吧！从今天起我就不抽烟了。"姜文然乐呵呵地收起了吉米的抽烟工具，但也对吉米戒烟的可能性半信半疑。刚戒烟的几天，吉米脾气很暴躁，看什么都不顺眼，心里好像总有一股怒气在四处乱窜。室友姜文然也成了最大的受害者，吉米由戒烟而产生的那股无名火都撒在了他身上，而默默承受的姜文然也成为吉米戒烟路上一个很大的激励力量。

为了能够戒烟成功，除了公开宣布以求监督之外，吉米还有一个秘诀，他将之称为"拒绝第一支"。吉米心里很清楚，如果决定了戒烟后被"我再抽一支，最后一支"的想法而动摇的话，那就永远结束不了这个"戒烟"的过程，那区区一支烟就会把他重新拉进烟民的队伍。

突然戒烟让吉米时常好似百爪挠心一般，喝咖啡的时候想抽烟，喝啤酒的时候想抽烟，看书的时候想抽烟，看电视的时候想抽烟，周围人抽烟的时候想抽烟，自己独处的时候更想抽烟。吉米忍受着这份煎熬，靠着母亲对自己的希望和自身的毅力苦苦支撑着。正是"日有所思，夜有所梦"，吉米有一次做梦，甚至在梦里抽了一支烟，梦里的他感觉特别真实也特别放松。一醒过来，睡得迷迷糊糊的吉米根本分不清梦境和现实，还以为自己没抵住诱惑真的又抽烟了，别提多后悔。但是慢慢清醒过来，吉米意识到自己可能是太想念抽烟的感觉了，只是在梦里过了把瘾，才松了口气。

那个梦就好像一个征兆，在那之后，吉米的烟瘾突然小了很多。他不再做有关抽烟的梦，戒烟的痛苦也缓解了很多。吉米至今没有再抽一支烟。

戒烟的过程就是一场"没有香烟的战役"。经此一役，有勇有谋的吉米觉得自己没有什么可畏惧的了。他也常把自己的戒烟经验与人分享，戒烟虽难，但只要有破釜沉舟的勇气和毅力，就一定会有成功的那一天。

1980年春节的时候，姜文然把吉米请到了自己的家乡哈尔滨。吉米和姜文然的家人喝酒守岁，去冰雪大世界欣赏冰雕，还一块儿包了饺子。按照传统，包饺子的时候要在其中一个饺子里面放一枚硬币，象征着新的一年会得到满满的幸运。而吉米就是那顿年夜饭里的"幸运儿"，对他来说，那枚硬币也成了冰天雪地里一个温暖的符号。

姜文然后来成了一名历史、政治学教授，在加拿大的大学里任教。他和吉米一直保持着联系，而吉米也是姜文然婚礼上的伴郎。

第三名陪住的同学是历史系中国史专业的李孝聪。李孝聪在1980年成为了吉米的室友，他和吉米同住了一年半的时间直至毕业。

吉米和李孝聪都喜欢地图，也都喜欢研究北京的风物。吉米特别佩服李孝聪，他几乎了解北京的每个角落，地图上大大小小的标注都难不倒他。北京各种胡同的名字、许多有意思的地方，这些都是吉米和李孝聪常常聊起的话题，偶尔两个人干脆一块进城去看看，玩上一圈。受室友李孝聪的影响，吉米对北京的历史背景、文化传统包括各种风土人情都有了很多了解。因为爱着这座古城，吉米对带有历史沉淀的古董产生了浓厚的兴趣，直到现在挑选家具和装饰品的时候，古色古香的风格都是吉米的首选。

李孝聪在1968年至1978年期间曾自愿赴西藏支援边疆建设，在西藏自治区地质局第四石油普查勘探大队工作，这段经历让他对西藏产生了浓厚的感情，而他对于西藏的一些回忆也深深地影响着吉米。吉米在1982年即将毕业之前去过一次西藏，后来也找机会陆续去了两三次，这期间他对西藏的历史文化产生了浓厚的兴趣，李孝聪也可以算作是吉米这份兴趣的启蒙老师。

1982年毕业后，李孝聪留校工作，而后在北京大学地理系师从侯仁之教授攻读历史地理学硕士学位，取得了地理学硕士学位。现在李孝聪是北京大学历史系的教授，他在他的文章《我的同屋吉米》中曾写道："我和吉米相识已近30年，各自的工作忙碌使我们平时疏于见面，但我相信我们彼此都铭记对方，逢年过节我们会互相问候一下。每年圣诞节我都会收到他用全家人的合影制作的贺卡，偶尔也会到他家小聚一番。时光荏苒，友情依旧。燕园共度的流金岁月，将是我们彼此心底共同的珍藏。最后，祝愿吉米事业一帆风顺，诸事皆如意。"由此可见二人友情之笃，历久弥深。

"陪住"这个特殊的身份给了异国年轻人相互了解和亲近的特殊机会。陪住的同学不但在当时的生活和学习上帮助了吉米，更让这个菲律宾小伙子交到了难得的挚友。虽然那时中国人邀请外国人去家里还是非常特殊的，有时候甚至需要得到单位的批准，但大家并不忌讳这件事。长期的相处让吉米和他们之间没有隔膜，也少有秘密。在之后的人生旅途上不管谁遇到怎样的困难时刻，他们都能相互帮助，在任何时候也都能坦诚沟通，真心相待，国籍的不同并没有阻碍吉米与三位陪住同学成为彼此最真挚要好的兄弟。

在课外，除了和历史学系本系的同学接触之外，因为沟通方便，吉米也与英语系的一些同学交流比较多。英文系的同学经常向吉米请教一些英文方面的问题，吉米则跟同学们学习说北京当地的"土话"。

比方说,"拍婆子"就是"男孩勾搭陌生的女孩","炮儿局"就是指"拘留所"。这些北京方言不但有一股"匪气",还留着鲜明的时代印记。"拍婆子"的说法在"文革"中前期很盛行,在"文革"后期,这个词演化成了"磕蜜"。虽然听起来有些不正经,但那时"拍婆子"甚至还分成了"公共汽车式""骑车式""冰场式""排队买票式"几种类型,是年轻小伙子们津津乐道的话题。而"炮儿局"则更是有具体所指,说的是北京东城区的炮局胡同,六七十年代那里是北京市公安局的拘留所,所以"炮儿局"被引申为"公安局"的意思。

某位高干也曾在北京大学世界史专业学习。因为同在历史系,吉米和他在课外偶尔会在一起聊聊天,他们二人的接触也算比较多。

他对英语很感兴趣,他曾告诉吉米他最大的愿望就是当一名驻外记者,在学习中他也尽他最大的努力来提高自己的英语水平。在北京大学学习了两年之后,他转到了社会科学院的社科院新闻班学习新闻,继续向着驻外记者的目标而前进。在北大期间,他比较喜欢靠近留学生并同他们交流,也喜欢和中国同学一起学习外语。

毕业之后,吉米曾在同学聚会时遇到过他,而两人正式的见面则是在后者任东北某市市长的时候。那时吉米是《时代周刊》的驻京记者,在通过官方途径提出采访请求后，他欣然接受了吉米的请求。吉米乘飞机来到该市，他在市政府接受了吉米的采访，采访时，他就留下了一名秘书在自己身边。采访的开头五分钟，两个人聊了聊在北大的往事，之后才开始正式地采访。后来对方任某部部长，吉米曾作为记者参加过他出席的几次发布会，不过都是集体性的。因为这层特殊的同学关系，每次看到吉米，他都会跟他打声招呼。在吉米看来，"这还挺够哥儿们的"。

平时吉米在与自己的同学们交流时虽有轻松诙谐的闲谈，但更多的则还是深思熟虑后的看法交换。大家不限年龄，不限专业，甚至不限于师生身份，共同随着时事变化而不断地思考。吉米和同学们会经常聚集在宿舍或者餐厅，聊历史问题，也聊时政热点。大家在各个宿舍之间穿梭，把心底对时局和发展的困惑与想法都摊开来一起谈。

开始的时候，大家喜欢聊"文革"。"文化大革命"到底为什么会发生？"文革"的正面和负面作用究竟是什么？关于这些，大家有时讨论，有时激烈辩论。恰逢"思想解放"的年代，吉米和同学们的脑子里也没有什么束缚，每个问题都要从正面和反面想一想，绝不愿意盲从。"两个凡是"被否定了，那么它到底错在哪儿了？我们又该怎么评价伟人毛泽东呢？他们不给自己的思维设限，而是要在相互的碰撞里激出更璀璨的火花。

1978年12月十一届三中全会起中国开始实行"对外开放"政策，对内改革、对外开放，成为改变当代中国命运的关键抉择。形势还不明朗的时候，"改革开放"也成了同学们讨论的重要话题。其实，吉米和同学们都不是很清楚究竟是怎么个开放法，也不知道中国下一步到底要走向何方。但通过对历史与现状的分析，大家都认识到了哪些老路是绝对走不通的，也都在为国家更好的发展而思考，发表着自己的意见和建议。"上边还在辩论，下面也很迷茫"，吉米说那时还是个迷茫的年代，但也感激那个迷茫年代的自由，让青年们的智慧得以迸发，每个人既开心又激动，心里揣着火热的理想。

燕园课下

"文革"结束后，国内的紧张氛围逐渐松弛，北大校园里的各种课余活动也多了起来。当时学校会定期举办一些体育比赛，偶尔会有共青团、文工团和话剧团组织的文艺演出，也会有机构来放电影。

1978年、1979年的时候，北大还革命性地举办了几场舞会。在此之前，舞会被定性成带有"资产阶级情调"的活动，所以虽然仅限于校内人员参加，北大的第一场舞会也可以算作是"开风气之先"了。听说学校要办交际舞会，吉米和同学们都跑到大餐厅去参加，大家觉得很新鲜，但又都不太会跳舞。舞会现场有专人教大家如何跳交际舞，同学们羞涩地找到舞伴，一起学了起来。欢乐的笑声伴着踩到脚的叫声，使舞会现场热闹非凡。

北大的留学生同学们则有一些属于自己的特殊的活动。吉米在课外常和来自各个国家和地区的留学生朋友们一起参加各种活动，其中主要是以来自所谓"第三世界"国家的同学为主，另外有一部分欧洲同学，也有一些美籍华人或是其他国家的学生。学校经常组织留学生出去参观，有一段时间会开门办学，带大家去传统的课堂之外实践学习，比方说用一个星期的时间在某一个工厂、某一个公社或者某一个商店体验生活，和工人、农民同吃、同住、同劳动，在工厂和农村的广阔天地中了

解和学习中国革命和社会建设的经验。这虽然无法与吉米曾经的"上山下乡"经历相比，但也让他更多地了解了中国劳动阶层生活的改变与现状。后来，学校也会组织很多文艺活动让留学生去体验，例如，集体去看体育比赛以及戏曲演出，体验奇妙的京剧勾脸；或者采访一些文艺界的演员。包括吉米在内的留学生们通过欣赏传统的中国艺术，加深了对中国文化精粹的了解。

　　大学的生活热闹又清闲，吉米也常给自己找一些有趣的事情来挑战。1979年，时任北京大学数学系主任丁石孙（后任北京大学校长）和一批北大理科院系的教授准备出国学习，丁石孙教授找到了吉米和另外一名美籍华人，希望他们能够通过授课帮助这些老师提高他们的英文交流能力，吉米欣然应允。在北大的一个教室里，吉米在业余时间为老师们上课，每周两到三次，大概持续了三个月的时间，直至老师们出国才结束。因为之前从没教过课，吉米和同伴做了许多前期准备，他们一起编写了一本小册子，搜集了英文报纸和书籍上的内容，作为上课的教材，主要帮助老师们学习日常工作和交流中需要的英文口语。老师们的英文基础都不错，只是很多时候都不敢说、怕说错，所以吉米一边教学，还一边鼓励大家放轻松多用英文和他交流，效果果然不错。

　　课余时间，吉米经常穿梭于北京的各个角落，把老北京玩了个够。大学期间，他也去外地旅游了好多次，有时候和同学搭伴而行，有时候干脆背上行囊独自上路。那时赶上新疆刚刚开放让外国人游览，吉米就和留学生朋友们兴高采烈地坐上了西行的火车。绿皮火车悠闲地奔跑在大地上，三天四夜之后把他们带到了新疆，新疆的异域风情让吉米沉醉。吉米还去过昆明和西双版纳，在去西双版纳的一路上，他坐完火车再倒公交，最后住在每天只收 2 块钱的简陋的小旅店里。能够有机会在广袤的中国大地上旅行，还能够体验当时一般中国家庭的生活，吉米很珍惜。

吉米喜欢云南，因为那里的热带气候让他体会到家乡的亲切感。吉米也很喜欢他爬过的中国名山，如黄山、乐山、峨眉山、泰山。当一轮红日从巍峨山脉中冉冉升起的时候，那画面永远地定格在了吉米的脑海中。

大二的时候，热爱篮球的吉米加入了北京大学男子篮球队成为一名组织后卫。在球队里，他身高最矮，也是唯一的外国人。虽说看起来有点儿特殊，但吉米却迅速地"打入了内部"，融入了这个青春的集体。

那时校篮球队几乎每天都要训练，训练之后教练、队员还会互相交流。球场上一起挥洒汗水，球场下一起聚餐聊天，密切的相处拉近了不同年级、不同院系的队员们彼此之间的距离。训练固然很艰苦，但也让队员们很开心。直到现在，当年北京大学男篮和女篮队伍里的老将们还时常聚会，吉米也将在篮球队的经历视为自己在北大业余生活中很重要的部分，而其中记忆最深的就是参加全国大学生篮球比赛。

1980年，全国大学生篮球比赛刚刚恢复。每天的辛苦训练，让吉米在入队第二年就参加了北京高校篮球比赛，吉米和队员们一路拼杀捧起了北京赛区的冠军奖杯，而后代表北京去成都参加由成都体育学院承办的全国比赛。坐了几天的火车，大家来到了成都。北大男篮

的队员们适应环境、刻苦训练、参加比赛,最终站上了全国季军的领奖台。

比赛结束后,大部分队员留了下来想在成都好好玩一玩儿,大家伙就一起爬了峨眉山和乐山。峨眉山上,大家一路跑一路爬,精力旺盛得恨不能和山上的猴子比比赛。当爬到山顶都还没累倒,于是就好好欣赏了一番红日东升的美景。太阳高挂的时候,大家也都饿了,但是山顶的餐饭实在是贵之又贵。摸摸瘪瘪的肚子和瘪瘪的钱包，大家都没了主意。

"小伙子，你们是篮球队的不？"这个时候山顶上有几个人来搭讪，原来他们是山上国营发电厂的员工，看这伙年轻人里有人穿着运动服，便猜测他们可能是运动员。在得知他们是北京大学校篮球队的学生之后，那几位工作人员很开心，马上提出了想与吉米他们切磋一下的要求。打篮球？当然没问题，但饿着肚子可不行。于是，一顿免费的午饭和一场意外的比赛成为吉米此次旅途中最特别的一番体验。

吉米的大学体育生活丰富多彩，除了篮球，他还偶尔踢踢足球，打打乒乓球，也跟别人学会了打羽毛球。宿舍前面有一块体育场地，他就经常在那里练习球技。有一次，留学生们一起组织了一场羽毛球赛，吉米在其中大展身手，还拿到了冠军。

"打工"与"吸金"

在北大学习的每名留学生都会拿到奖学金，不同国籍留学生所能拿的奖学金数额也有所不同。有一些留学生的奖学金是由自己国家政府提供的，政府如果能提供较多的奖学金，他们的生活也就会比较宽裕。留学生平均每个人每个月能拿到 100 元，而如德国等欧洲国籍的同学每个月则有几百元钱入账。吉米每个月都会拿到中国政府发放的 70 元奖学金,他在留学生里属于"低收入者",但作为一名生活简单、需求也相对较少的学生,在一个物资尚不丰富的年代,70 元钱足够吉米生活,也经常会有富余。吉米一直都不想依靠奖学金或者中国政府的帮助生活,他希望能通过自己的奋斗自食其力,于是他开始尝试着走出校门做点事情,一来挣钱贴补生活,二来锻炼自己。

1980 年,吉米挣了自己人生中的"第一桶金"。

大概在春节的时候,一名澳大利亚同学参加了粉刷澳大利亚使馆工作的竞拍。竞拍成功后,他找到吉米和一名新西兰男同学和一名秘鲁女同学,一共四个人,一起负责粉刷四层楼高的使馆。寒假期间,四个人集中力量干活儿,用十天的时间就把使馆粉刷好了,使馆方对粉刷成果也很满意。四名同学按工作量分配了使馆方发给他们的工资,吉米一个人拿到了大约 3000 元。3000 元在当时真不是个小数目,吉米一拿到钱就兴奋地把它们存进了银行。如今吉米已经想不起来自己当时是如何使用这笔"巨款"的,但他直到现在还保存着那张记录着自己"第一桶金"的银行卡,也算是"自力更生"的一个证明。

尝到了自食其力的甜头,吉米也开始了校外的"吸金"生活。

改革开放初期,由英籍华人彭文兰主持的电视节目

"English on Sunday"需要录制十集唱歌学英语专题栏目，取名为"Let's Sing"。吉米平日里喜欢弹吉他和唱歌，也认识彭文兰，便被邀请去参加这个节目。

录制节目之前，吉米和几名同学都接受了一段时间的培训，学习如何在镜头前表现自己，教观众唱英文歌。"Let's Sing"一共教了十首英文歌，每首歌大约录制半个小时。先由学生们演唱一首英文歌，再由彭文兰解释这首歌的内容、背景以及其中所包含的新词，然后重复一遍这个过程。在第二次唱歌的时候需要同学们生动地边唱边表演。那是吉米在中国电视媒体上的第一次亮相。因为在菲律宾上大学期间，吉米就常常上台表演话剧、唱歌，所以吉米还是很有舞台感和镜头感的，但因为没有录制电视节目的经验，开始的时候他还是很紧张，"还好镜头没有发现我膝盖正在发抖"。

"Let's Sing"在央视每周播出一次，除了每次收获十元钱和几个包子，吉米也有了一点儿知名度。刚刚兴起的"学英文热"让大众关注英语类节目，因为当时学习的途径并不多，所以大家基本都是靠听广播和看电视来提高英文水平。节目在全国播出之后，央视收到了好几封观众来信，夸奖"Let's Sing"寓教于乐，其中还有一两封信是专门表扬吉米的，说他唱歌好，在中国的电视银屏上为大家普及英语，简直是"新雷锋"。后来节目组还把"Let's Sing"的十首歌录成了录音带，传播范围更广了。有时候吉米走在路上也能被人认出来,甚至多年之后,吉米已经离开学校踏入社会,成为一名外媒记者,在成都的酒店登记的时候还是有人叫出了他的名字。这番"电视体验"也让吉米感受了一把"当名人"的感觉。

大三的时候,在课业之余,吉米还要骑着自行车到北京师范学院白堆子分校教授英语口语。一个小时十元钱左右的收入,对吉米来说很丰厚。

吉米带的三四个班级都已经是本科三年级或四年级的学生,他们已经具备了一定的英文基础。吉米针对学生的既有水平专门搜集、编写了一系列的课文作为教材,因为一般上课的内容是英语口语和现代英文,所以

吉米教材内容的主要来源就是各种英文杂志。他希望在课上能够为学生们带去最新鲜最有趣的现代英语，有时候他还会抱着吉他边弹边唱，用英文歌帮助教学。

万圣节的时候，吉米还带着大家举办了一次"群魔乱舞"的化装舞会。吉米给同学们介绍万圣节化装舞会的理念，告诉他们在万圣节前夜小孩子们会穿上化装服，戴上面具，挨家挨户收集糖果，成年人也经常打扮得千奇百怪，一起狂欢。在吉米提示了可以装扮的风格之后，同学们就分别回去认真准备了。舞会现场，同学们有化装成牛仔的，也有化装成幽灵的，吉米则穿上一身旗袍"惊艳"出场。大家一边唱歌一边跳舞，非常热闹。学校的党支部书记也在旁边观看，不过他并没有阻止吉米这个在当时看来还有些"疯狂"的提议。

吉米在北大读书的那段时期，中国正处于探索新路的阶段。一开始"开放"对普通老百姓来说更像是个口号，直到1979年农业改革开始，大动作之下农业生产才好起来，市场供应也变得更为通畅。

大家虽能吃饱穿暖，但是市场刚刚开始活跃，商品还并不丰富，有的产品甚至还有些匮乏。比如说酒，除非是亲朋好友聚餐或是拜访他人，不然是不能随意喝酒的。80年代初期，可乐这种饮料进入中国。吉米喜欢喝可乐，其他人则不然。可乐刚上市的时候，很多人都接受不了这个黑乎乎、有苦味的"中药汤"。那时服装的色调也大多是暗淡的，很多人喜欢穿着不带军衔的军装，那是当时的时髦装扮，吉米则总是穿着一身中山装。男生们几乎都是清一色的短发、小平头，女生也很少穿高跟鞋，如果穿高跟鞋上街，很可能会引人侧目。大概从1978年、1979年开始，颜色鲜艳的衣服才开始在市场上"热"起来，样式也变得更多了。

由于刚从闭塞的年代里走出来，当时中国的信息传递还不够便捷，尤其是国外的书籍和报纸杂志在国内很难找。学生们想了解外界的时候只能去图书馆，有些同学为了能多了解一些外国资讯常跑去留学生宿舍同留学生们交流、借书。吉米借此机会结交了很多朋友，在与同学们的交流中拓宽了彼此的眼界。

刚刚敞开大门的北京里外国人还是比较少的，大概有几千人。而在北京的外国人也几乎都集中在外交官和学生聚集的地方。各高校的留学生人数不多，最多不超过1000人。吉米和每个学校的留学生都有所接触，认识很多人。有时候留学生们一起进城，会到北京饭店的大厅休息喝啤酒。因为外国人可去、可玩的地方不多，如果在那儿坐上一小时左右的话，吉米他们能够看到很多驻京的外国人。

因为长着一张与中国人相仿的亚洲面孔，吉米倒没因为自己"老外"的身份而有什么烦恼。但很多白人或者黑人同学却因为民众的好奇心吃了不少苦头。留学生们走在街上，街上的人会不由自主地盯着他们看，有的人甚至会从头到脚从脚到头地打量一番。去农村时，还会有乡亲摸摸非洲同学的皮肤看会不会掉颜色，或者摸摸白人同学的金色头发。好在留学生都学过中文，也了解中国的传统和现状，能够理解这些过分的甚至有些极端的好奇心。到后来，外国人也不再是什么特殊现象，开放的中国也真正迈出了自己的脚步。

"撞"进外媒

与其说吉米是"踏"入媒体行业的，不如说是"撞"进去的。

那时身为北京大学学生的吉米，一边享受着高等学府的学术魅力，一边感受着时代开始迸发的蓬勃激情，而他自己也在不断探寻着未来的方向。以剪报纸为开端，以报道审判"四人帮"为转机，从茫然无知到游刃有余，吉米渐渐扩大了属于自己的外媒"阵地"。

1980年，吉米在北京大学的必修课程已全部修完，只要把毕业论文写好，就会有许多空余时间供自己支配。有一次，他到一个朋友家吃饭，那位朋友正在《纽约时报》做新闻助理，无意中问起吉米对报社工作有没有兴趣，从中学开始就接触新闻的吉米赶忙点头。在朋友的帮助下，吉米被介绍到《新闻周刊》做了一名助理。最开始一个星期去工作两个半天，后来就变成了三个整天，吉米在《新闻周刊》的工作一直持续到毕业。

在《新闻周刊》的工作刚开始是很枯燥的。吉米每周两次从海淀"进城"做助理只是负责剪报纸并给报纸分类。每次他都埋首于厚厚的几沓报纸之间，通过阅读筛选出重要的部分，再把它们剪下来集中在一起。吉米的工作主要就是把和中国相关的新闻贴在一张纸上，按照不同主题一栏一栏地放好。

虽然工作内容机械重复，但因为终于能方便地阅读英文报纸，对吉米来说倒也别有趣味。"让你看自己喜欢看的报纸，还给你劳务费，这是多么好的一件事情。"在那时，能够通过阅读报章资料接近这个报纸刊物，既开阔了他的眼界，也弥补了自己在学校看不到的诸多内容，同时也能挣些钱贴补生活，对吉米来说可谓"一举多得"。

不久，《新闻周刊》的驻京记者就意识到，这个踏实工作的年轻人会中文、人脉广，只是剪剪报纸有点儿"大材小用"了，就鼓励吉米多到外面去了解现实情况，并写些东西。慢慢地，吉米开始了自己的记者生涯。不过，开始的时候他报道的内容很难在刊物上真正占据版面。

然而，在那个风云际会的年代，吉米在《新闻周刊》里见证了时代的浪潮，他也逐浪其中，从而改变了自己的前途未来。

审判"四人帮"的报道可以算作是吉米新闻事业的一大转折。

1980年9月29日，第五届全国人民代表大会常务委员会第十六次会议通过《关于成立最高人民检察院特别检察厅和最高人民法院特别法庭检察、审判林彪、江青反革命集团案主犯的决定》。1980年11月20日下午3时第一次开庭，对江青等人进行公开审判；1981年1月25日上午宣判，认定他们均为林彪、江青反革命集团成员，并判处了相应的刑罚。1981年1月25日中国最高人民法院建立特别法庭公开审判"四人帮"（指王洪文、张春桥、江青、姚文元四人在"文化大革命"期间所结成的帮派），嚣张一时的"四人帮"迎来审判，这是整个中国的大事件，也是吉米新闻生涯中难以磨灭的一段。

审判"四人帮"的消息一传出就引起了各界瞩目，群众对此事也非常关注。但《新闻周刊》的驻京记者正巧回国度假不在北京，匆忙之下，报社给吉米发去了电报，邀请他来对此次重大事件进行报道。虽然多少有些"赶鸭子上架"的意味，但在1980年12月到1981年1月审判"四人帮"期间，抓住机遇的吉米终于迎来了自己在《新闻周刊》的最大突破。

接到邀约的吉米欣喜之余，心里也不免有些打鼓。那时候他还不是一名正式的记者，没有参与过太多重要的新闻采访。而即便有正式采访的身份，由于"四人帮"的敏感性，记者也是没办法进法院采访事件参与者的。吉米只好动用起身边所有资源，尽可能客观、快速地为《新闻周刊》发去报道。

审判"四人帮"不但是吉米职业发展中的重要机遇，更是全国上下热议的话题。年轻学子中间流传着"没有想到""早该如此""中国的未来究竟该怎么走""这是不是对毛主席的否定""这是不是属于政权的派别之争"等各种各样的说法，大家心中都有着太多的疑问和思考，外界也有着太多的注目和揣测。

吉米那时候还来不及想太多，身为一名记者，他既要尽快把真实报道传递出去，又不能把主观臆测带到自己的报道中。一拿到电报，他就开始搜集现有的资料，其中主要是新华社和《人民日报》这些平面媒体的报道，同时他还参考了身边一些同学通过各种渠道所得到的消息。对当时的吉米而言，了解那次新闻事实最重要的窗口就是宿舍里那个小小的集体电视。他天天晚上守在电视旁边，盯着屏幕上播放的审判"四人帮"的电视。中央电视台每天大概会播一两个小时的审判"四人帮"的新闻，包括对法庭上事件的报道、法庭中的录像、法庭上审问与回答的录音，剪辑丰富，有声有色。吉米通过对官方材料信息的搜集、整理和一些私下的了解积极地进行着报道。这则震动中国社会的政治新闻在世界范围内有着广泛的影响力,《新闻周刊》连续两个星期刊登了相关长篇报道。

和同学们挤在一起一动不动地盯着电视,时而慨叹,时而沉默,这是吉米北大学生生活中的难忘时刻,也是他记者生涯里的鲜明记忆。小小的电视,也就成了一个时代小小的缩影。

从剪报纸的"门外汉"到能够真正写作新闻报道的记者,吉米开心又骄傲。他认认真真地复印了一份刊登有自己报道内容的《新闻周刊》寄给了远在菲律宾的父母,并写信告诉他们"这是我专门为你们而准备的"。

通过对审判"四人帮"客观、及时的报道,《新闻周刊》在纽约的编辑第一次了解到了在北京还有一个叫"吉米"的优秀小伙子。从此,他们肯定了他的能力,也鼓励吉米推出自己想做的报道。这位一头"撞"进《新闻周刊》并即将毕业的北京大学留学生从此真正踏上了媒体的道路。

匆忙毕业季

吉米的本科毕业论文是以"一二·九运动"为题的。而之所以把"一二·九运动"选择为论文的主题,吉米有着多方面的考虑。

首先,他是一个谨慎的历史学习者。虽然经过了北京大学历史系系统的教学和培养，吉米对中国古代史、近现代史和世界史等各方面的历史知识都有涉猎学习，但受语言能力所限和自己的兴趣引导，他的研究重点是中国近现代史部分。选择近代史部分的内容，吉米驾驭起来会更有自信。同时，他也是学生运动的亲历者，对于政治风云中先锋学生所扮演的角色，吉米十分熟悉。而这个选择也受到了吉米初到中国时的经历影响。刚到中国的那几年，他走过了许多解放战争时期的"红色经典"遗迹，甚至在主办单位的安排下重走了一段长征路。井冈山、瑞金、贵州……一座座红色城市、一段段精彩历史深深地打动了这个菲律宾年轻人，这对吉米的影响很深。所以开始着手毕业论文的时候，吉米就已经决定着重于书写1949年之前的那段历史。在吉米看来，选择"一二·九运动"的原因中特别值得关注的是那个时代和自己所处的时代比较接近，都是一种过渡性的历史阶段。

带着对历史研究的兴致和对现实的关照，吉米最终决定了毕业论文的主题为曾被毛泽东评为"是抗战动员的运动，是准备思想和干部的运动，是动员全民族的运动"的"一二·九运动"。

1935年12月9日，为了祖国的前途命运，北平大中学生数千人举行了抗日救国示威游行，反对华北自治，反抗日本帝国主义，要求保全中国领土的完整，掀起了全国范围内的抗日救国新高潮。此后,北平学生多次举行示威游行,喊出了"援助绥远抗战""各党派联合起来"的口号。此次北平学生的爱国行动,得到了全国学生的响应和全国人民的支持,形成了全国人民抗日民主运动的新高潮,推动了抗日民族统一战线的建立。

"一二·九运动"在中华民族的抗日历史上刻下了不可磨灭的印记,但限于当时社会环境复杂以及学生运动性质的特殊,相关的资料并不好搜集。为了能够写出一篇内容翔实的论文,吉米通过查阅资料以及朋友的推荐,列出了十几名当时参与者的名单。虽然有几位参与者因为退休或离世而无法找到,但其中大部分参与者都还在政府或者军队里面工作。吉米想尽各种办法,通过各种渠道找到了他们,用采访的方式对他们当时的参与情况进行了了解。

经过与亲历者的交流,吉米感觉那段历史对中国政府、中国共产党起到了很关键的作用,特别是在干部培训方面意义深远。当时运动的参与者大多是学生,他们中的大部分人在运动结束后决定参加革命或者投身抗日,一批又一批的参与者来到了延安。如果没有那一批人,中国共产党想要顺利执政,也许会很困难。毕竟,共产党的队伍中有很大一部分是农民,而有了这批参加过"一二·九运动"的"又红又专"的知识分子,政府和军队里就多了一批年轻的骨干分子。

在现有资料少、研究者寥寥无几的情况下，吉米用类似新闻报道的方式完成了自己的毕业论文。

结束了课业，交了毕业论文，就开始等待毕业的来临。没有毕业典礼，没有集体合影。和今天"狂欢式"的毕业季比起来，那个时候的离别好像很简单。

吉米的毕业证书是由系里一个管理留学生事务的老师直接找到宿舍递送给他的。整个过程没有什么仪式感，吉米接过毕业证书，还得接着在学校度过剩下的日子。但在宿舍温馨的氛围里，本应当沉甸甸的毕业证书拿在手里倒多了几分亲切。吉米与私下交好的中国朋友、留学生们合影留念，和好友们找个餐馆喝酒道别，因为即将分离，大家也难免产生了"不醉不休"的念头和"何日再见"的伤感情绪。好在许多同学都将留校、留京，所以分离的痛苦对吉米来说并没有那么深切。他只是希望在燕园最后的日子里和同窗们聚几次、再多聚几次，也希望能以此冲淡对未来的迷茫。

1982年年初，吉米从北京大学毕业。美丽的北大，已经成了自己校园记忆的一部分。毕业后，吉米不能继续住在宿舍，那么住房问题和身份问题也就接踵而至。一个拿着北京大学毕业证书的外国人，下一步究竟该怎么走？吉米自己心里也不清楚。

于是吉米向《新闻周刊》递交了申请，希望可以被聘请成为正式的记者。《新闻周刊》对吉米的工作能力十分认可,也很希望他能够留下来。但当时《新闻周刊》恰逢新旧交替之际,新社长即将上任,他们希望新的领导者能够参与这个决定,所以让吉米再等半年。半年的时间对急切寻找新身份的吉米来说太久了,他希望尽快为自己在这个熟悉的北京城里找到容身之所。所以他转身敲开了《新闻周刊》的竞争者——《时代周刊》的大门,《时代周刊》马上聘请了他,并在后来为他办理了正式的记者注册手续,吉米成为一名正式的驻京外媒记者。

在学生与正式记者的身份之间,吉米经过了几个月的过渡期。等待注册成功的这段时间,吉米搬离宿舍,到一个朋友家中借住。吉米的朋友叫黄兰友,他们一家人住在海淀黄庄,夫人是音乐学院的钢琴老师,即将出国,他的女儿在中学毕业以后也准备出国留学,家中有富余的房间,就邀请吉米去家里暂住。虽然还没拿到正式的身份注册,吉米也得进城上班,他用之前攒下的钱从一个外交官手里买了一辆二手汽车,在北京的街道上来回奔跑。等到正式注册成功,他就申请住进了齐家园的外交公寓里,结束了自己"北漂"的生活。

如同所有初入职场的大学生一样,吉米深刻感受到了学校生活与社会生活的不同。学校生活从上课到课外活动,很多部分都是安排好了的,有秩序有框架。当了记者之后要经常出去跑新闻,有时候还要到外地去旅

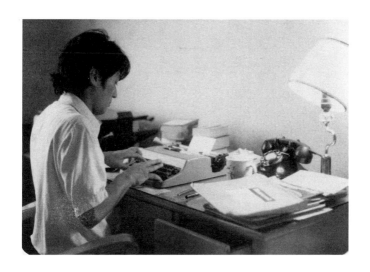

行，生活有了许多不便，也复杂了很多。《时代周刊》为了方便外国记者的生活，在办公室安排了几名工作人员负责后勤，还有专门的中国秘书。虽然如此，既要适应新的生活环境，又要适应新的工作状态，这对吉米而言实在是很大的挑战。

没有太多的实践经验，吉米边干边学。一边通过实际的新闻工作提高专业能力，一边深入了解美方制度与新闻习惯。究竟该怎么写新闻？吉米努力将中国实际与阅读群体结合起来，或者说在二者之间搭桥，从语言理念到传统习惯，他在各方面将二者相互磨合。同时，英语毕竟不是他的母语，他也不断阅读提高自己的写作水平，希望能够用自己的笔发出最洪亮的声音。

"摸着石头过河"，可以算作是刚刚离开校园的吉米工作情况的最好写照。

一生"北大人"

一场在北京大学校园里举办的竞选演讲一直是吉米充满激情的记忆。

那是一场人民代表大会代表的竞选,竞选的是海淀区的人大代表。有一名老师和几名同学参加竞选,大概七八个人竞争一个人大代表的资格,当时北京大学的学生会主席也参与其中。具体的参加人员和最终的竞选结果随着岁月斑驳,吉米已经记不清了,但让他印象最深的还是激烈的竞选过程。

在宣布竞选之后,每位竞选者都在校园里张贴了大字报进行宣传。他们在大字报上标示出自己的简历,浓墨重彩地彰显出自己独特的想法和理念。校园里也十分热闹,他们都不断为自己的理想追求而呼号。

那次竞选的热潮还是在北京大学老礼堂举办的几次演讲。为了能够获得更多人的支持,每位竞选人都上台演讲,真切传达各自对于未来发展的想法。在每位竞选者的演讲结束后,还会有在场的观众提问,由台上的竞选者当场回答问题。即时性的互动拉近了演讲者与观众的关系,也让他们的思想得以更好地传达出来。

竞选者的所想所言不限于校内生活,而大多是国事，回答的也都是大家当时最关心的现实问题。台上的竞选者慷慨激昂，台下的观众也血脉贲张。吉米是台下熙熙攘攘的观众中的一员，看着台上为国家前途命运而呐喊的老师、学子，他钦佩他们的口才和知识，更由衷钦佩他们的勇气，那时他不由从心底升起了一个想法："这就是北大的传统和精神吧！"

这样的竞选演讲在吉米的记忆中只有一次。这也难怪，特殊的年代和特殊的环境催生了这场带有实验性质的竞选，让迷茫、冲动和理智集于一堂，相互碰撞。而那些台上的英姿，就以"北大人"的身份定格在了吉米的记忆中。

回忆起自己在北大的青葱岁月，思绪总会回到26楼。当时，宿舍楼里有唯一的一部电话。铃一响，传达室的一个老师傅就会把电话拿起来问上几句，再马上大喊该来接电话的人的名字。师傅这么一喊，全宿舍楼都能听见，往往就会有几个人探出头来仔细听听是不是在叫自己的名字，而真正被叫到的人则"噔噔噔"赶忙跑下楼来接电话。

大家家里几乎都没有电话，单位的电话也不多，所以能打电话的人也就那么几个。吉米在外面的朋友很多，常接到电话。很多同学会跟他开玩笑："知道我们对你的第一印象是什么吗？那就是'346房间，吉米'！这句话实在是太熟悉了，我们都不自觉地把你的宿舍号和名字记了个滚瓜烂熟。"

刺耳的电话铃声是吉米如今仍旧鲜活的校园记忆,因为那其中藏着年轻的吉米热烈、躁动的心。

回想起自己在北大最喜欢的地方,吉米先想到的不是未名湖,而是静静的六院。六院是北大图书馆后面的老房子。六个小院子,中间有块大绿地,安安静静地透着与世无争的美丽。吉米也喜欢体育馆和图书馆,因为这些老建筑里不光记录了他的青春,更沉淀了久远深广的历史。吉米喜欢北大的这种味道,也希望它能一直保持下去。而未名湖对吉米的意义更是不必多讲,它几乎是每位北大学子心头的铭牌,吉米经常去未名湖边散散步、坐一坐,或者和女朋友"闷 der 蜜"(约会),宁静的空气让吉米觉得又浪漫又舒坦。

虽然近几年北大新修了很多建筑和场地,但现在北大的校园构造和吉米上学的时候差不多,只不过以前大部分是老旧的矮楼,没有这么多新的高楼。看着学校的变化,吉米心里很高兴。再回到学校的时候,他也会在从南门到未名湖后面那片区域多走走,找找自己读书时的记忆。

有机会进入北京大学,一直让吉米很庆幸。

在吉米刚刚踏入北京大学校园的时候,他对北大的传统和历史只有比较模糊的感受。当时并没有关于"北大精神"的明确论述,但在北大的四年时光却让吉米逐渐感受到了北大的独特精神内核。四年的熏陶,也让北大的理想追求融入了吉米的血脉当中。

在吉米看来,他在校园中所接触的北大学生都很优秀,他们专注地追求知识,也有着强烈的社会责任感。而不论是人大代表竞选时的慷慨激昂,还是课外活动的丰富多彩,这些既成为吉米校园生活的青葱回忆,也让他从中感受着北大激昂而活跃的氛围。吉米通过和同学们一同关注国家大事,一起辩论前途未来,更深刻地了解着燕园独有的锋芒,体味着赤诚拳拳的爱国之心。不被固有观念框住自己的思维,也不被传统束缚了手脚,这便是吉米对北大精神最直观的感受。

"兼容并包,兼收并蓄",这是北大的老传统,也是北大的新精神。燕园里容许有各种声音的出现,也鼓励学生们积极思考、担起大任。改革开放初期正是一个开放的时代,青年人,尤其是北大的青年人更是大胆。大家敢说敢干,甚至敢于否定过去,敢于大胆地讲出自己的见解并勇于实践。在吉米看来,"大胆""开放""自由""创新"——这些词汇都可以用来描写北大人的精神状态。

吉米在北大不是按照传统的学术方向来学习,他想通过学习了解更多的知识内容并提高个人素质。在北京大学历史系的系统学习帮助吉米培养了独立思考的能力,使他能够有逻辑性地看问题,也教会了他如何提出疑问、如何寻找答案。更重要的是，北大的经历让吉米加深了对中国社会的理解，他终于认识到，要想真正了解中国的现实，就一定要和中国的历史结合起来。这番经历对吉米来说弥足珍贵，也成为他未来记者生涯的重要锻炼。

多年之后，吉米非常感慨地说："能有机会上北大，我觉得很幸运。很多中国朋友听说我是北大毕业的都很惊讶，他们把北大看成是一所很值得尊敬的学校。所以，在我的生活和工作当中，有这样的经历是一种财富。"

第三章　出色媒体人

初为记者的日子

如果有人问,在中国生活时间最长的外国记者是谁?那一定是吉米了。从 1971 年到今天,吉米已经在中国待了四十多年,先后见证了中国五任领导人,也目睹了中国四十多年来的巨变。从 1982 年开始成为记者,在 33 年的记者生涯中,吉米采访过江泽民,随朱镕基出访过,参加过胡锦涛、习近平的招待会,也采访过春运返乡的农民工和投诉拆迁问题的上访者。

80 年代初,第一批美国主流媒体开始在中国开辟市场,纷纷设立分社。由于当时的外交公寓还没有建设好，所以这些媒体的办公地点大都集中在北京饭店和前门饭店。

如前所述，在经历了《新闻周刊》对于审判"四人帮"的报道之后，吉米迅速得到了重视和发展，又在毕业之后转入了《时代周刊》工作。当时的《时代周刊》在北京只有两名正式记者，除了社长外，吉米就成了骨干力量。于是顺理成章地吉米在外交部成功申请注册成为职业外媒记者。

此时的吉米还是一名无国籍人士。虽然在中国，大家普遍承认他是菲律宾人，但是他却没有有效的菲律宾护照。所以吉米只能被《时代周刊》当作就地聘请的当地员工（local hire），而不是国际记者（staff）。这使他的待遇与条件同等的有国籍的员工差距甚大。然而对于吉米来说，能够在这样的国际媒体当记者，他已经很高兴了，身份的问题，他并没有多加考虑。很快地，《时代周刊》帮助吉米申请到了记者证，同时也帮他在齐家园外交公寓申请到住房，吉米在北京的基本生活问题得到了解决。

直到一年后的1983年，吉米重新拿到菲律宾护照，他才又恢复了国籍。在此之前的1979年，吉米就曾向菲律宾驻中国大使馆申请办理新护照，向他们解释了自己的情况，但是当时并没有被菲律宾政府批准。1983年6月，经过马尼拉总统府的特批，吉米才拿到了他的新护照。此时的吉米已经开始准备回菲律宾的事宜。

当年 8 月，菲律宾著名的反对马科斯独裁统治的人物贝尼尼奥·阿基诺在马尼拉机场遇刺身亡，这在菲律宾引起极大震动，反对马科斯总统的呼声越来越高，国内局势骤然复杂。这使得吉米的回国之旅受到阻挠。直到 12 月，吉米的朋友和家人告诉他菲律宾国内局势稍有缓和，他想要回国可以，但是不可以参加社会活动。于是当月，吉米从北京低调飞回马尼拉。此时距离他离开家乡已经过了十二年。

在回到菲律宾的一个月时间内，吉米见到了阔别多年的亲人、朋友。在这段时间，吉米考虑过自己未来的方向：是回中国继续当记者，还是留在菲律宾发展。因为吉米的父母和姐姐都已经拿到美国的绿卡，所以他们希望吉米能够和他们一起到美国发展。但是吉米认为他在中国的事业已经开始搭建，能够在《时代周刊》这样的媒体工作的机会并不多，同时他也对北京的生活和工作环境较为熟悉。如果此时他回到菲律宾或者是去美国，不管做什么事情都是几乎从零开始，而且菲律宾的局势当时并不明朗，所以他决定继续在北京工作。当时吉米已经意识到，中国这么大的国家肯定会成为最大的新闻制造国。

1984 年 1 月，吉米又回到了中国。在接下来的日子里，他在《时代周刊》步步升迁，做出了不少出色的成绩。

1985年，邓小平第二次被评为《时代周刊》当年的风云人物，吉米有幸成为这一事件的报道者。此前的1978年，邓小平第一次被评为风云人物时，吉米作为读者十分关注相关报道，所以这一次，他对于能够全面参与到这样的重要人物的封面报道感到十分高兴。这一年，《时代周刊》的总裁亲自来到北京，和邓小平进行了会见。作为当地分社的记者，吉米自然成为这一重大报道的重要参与者。为此，在《时代周刊》内部，吉米进行过多次的讨论，同时他曾跑到四川邓小平的老家，也采访过熟悉邓小平的相关人士等。这一系列的报道在当时受到了广泛的关注。

80年代末，吉米在四川仁寿做过的一次采访令他至今都记忆犹新：当时的中国国内媒体报道了在四川仁寿县的一场因为地方腐败而引发的农民暴乱事件，吉米和两位驻京记者为了了解真相，就悄悄到达了现场。那时外国记者想要在中国采访，需要得到当地外事办的许可。然而胆大的吉米就这样毫无准备地出发了。

在当时看来，这一事件相当敏感，于是三位记者租了一辆当地的出租车，在熟悉当地情况的司机的帮助下，找到了出事的村庄，也找到了几位参与事件的目击农民，来到他们的家中，开始悄悄地进行采访。吉米回忆，当时司机一直在担心会遇到麻烦，果然在采访

进行到半小时后,几名穿着白色衬衣的像当地官员模样的人闯了进来,不断盘问几位记者的信息,来此地的意图等。经过一番斡旋,吉米等人跳上出租车,离开了现场。经过这件事情后,吉米意识到,当时的中国地方对于调查性的报道是反感的,同时地方官员对于记者的身份也是持着敌视的态度。作为外国记者,并且涉及这样的话题,想要做下去是很难、很危险的。

1985年,吉米采访过"威猛乐队"的演唱会,他们是第一个在中国演出的西方流行乐队。那场演唱会,有数千名北京的歌迷入场观看,但他们中绝大多数看起来都是一副很迷茫的样子,警察在一旁看着,防止有人站起来欢呼或手舞足蹈。吉米甚至还清楚地记得可口可乐第一次在中国售卖时的场景:很多人都觉得那味道跟中药差不多。

然而在那时，吉米的采访机会和能做的报道少之又少。住什么地方是指定的，出去活动也有指定的工作人员陪着。无论是官员还是老百姓，都躲着吉米。所以可以看到，《时代周刊》最早对于中国报道的主题是北京烤鸭、中国熊猫，而中国没有广告、没有送比萨的，这些都是可以当作重大新闻的。

1988年，吉米由当地员工（local hire）被提升为国际记者（staff）。这样的转变一方面使他的待遇有了极大的提高，同时也给了他参与采访中国以外的亚洲事务的机会：他曾在汉城采访过1988年的奥运会、也曾去中

国香港参与过香港事务的报道。

1990年,吉米成为《时代周刊》驻北京的首席记者,也即社长。此后,他在这个职位上一直做到了2000年。

2000年,吉米得以到美国纽约进行为期一年的交流访问。一年后回国时,吉米已经成了CNN驻北京分社的一员。

从亚运会到奥运会

能够参与1988年的汉城奥运会的新闻报道,对于热爱体育的吉米来说是个难忘的经历。

当时《时代周刊》在汉城已经有了当地的报道组,所以作为中国区的记者,吉米本不应该出现在汉城奥运会的现场。但是因为时代公司旗下的《体育画报》早就知道吉米对中国的情况十分熟悉,并且和不少中国的优秀运动员打过交道,加之那几年中国运动员在一些项目的国际体育舞台上的表现不断提高,所以吉米就被借到汉城,专门跟踪报道中国代表团在汉城的表现。

吉米接到这个消息后十分高兴:作为体育爱好者,能够近距离接触世界顶级体育赛事,他高兴;作为记者,采访奥运会是难得的机会,他高兴。

于是为期一个多月在汉城的采访就开始了。正式奥运会开幕之前,吉米就提前来到汉城熟悉情况,一直到结束,他都奔波在奥运会的现场。

吉米这次的采访任务是跟踪报道中国体育代表团的比赛、训练情况等,在这个过程中吉米也认识了不少朋友。那一年奥运会,中国体操队的李宁兵败汉城,但是同时,中国跳水队以两金三银一铜的成绩取代了美国在此项目上的霸主地位。也是这次奥运会,加拿大短跑运动员约翰逊获得100米金牌并再次打破世界纪录,但随即被查出使用了兴奋剂而被剥夺成绩并禁赛两年。这几件国际体育界的大事令吉米至今难忘。

其实在此之前,吉米就为《体育画报》采访过中国运动员,并为此做了几次专题报道和封面报道。在这一系列的专题采访中,吉米还和中国体操队一起游览过长城,并在长城上和这些体操运动员合过影。这些图片后来都出现在了《体育画报》的报道中。

因为对于中国事务的熟悉,吉米一直能够比较幸运比较广泛地参与到中国相关报道中。《人物》杂志也曾借吉米写过报道。90年代初,里根夫人的发型师来到北京和上海进行时尚交流,这是第一次外国时尚界人士到中国交流表演,所以《人物》对这一话题很感兴趣,于是吉米就一路跟着这位发型师,写了很多报道。

那一年在汉城奥运会给吉米最大的印象就是:北京和汉城的区别很大,无论是硬件还是软件上,北京都被汉城落下很远。吉米没有想到，同在东亚的韩国能够发展得这么快，汉城无论是在城市规划还是在基础设施建设上，都可以称得上是国际化。

吉米记得那时候像 LG、现代等几家韩国公司开始在国际市场起步，虽然当时绝大多数人都还没听说过这些品牌，但是如今，这些产品都被销往了世界各地。他意识到，世界上的其他城市纷纷开始腾飞，而他熟悉的北京却相当落后。

很快，两年后的 1990 年，亚运会在中国北京举办。那一年，17 岁的邓亚萍第一次参加国际性综合赛会，共获 4 块奖牌，开始其在世界乒坛创造奇迹的历程。

中国能够争取到举办亚运会，可见中国对于与国际接轨的渴望。看到举办过奥运会的国家都因为这样的盛会使得本国经济、政治和外交等各个领域有了重大的进步，中国也希望用体育赛事的途径来促进本国的经济社会发展，同时提高国际知名度。

虽然亚运会和奥运会不管是从影响力还是从规模上都无法相比，但是北京也开始往这样国际化的方向谋求着发展。

当时的中国运动员的成绩在整个亚洲范围内已经很突出，吉米在北京期间主要报道的就是中国运动员的表现。同时作为菲律宾人，看菲律宾代表团的表现，为他们加油助威，也成了吉米流连在亚运会赛场上的另一个原因。

吉米清楚地记得，菲律宾篮球队在亚洲属于绝对的一流球队。北京亚运会上，菲律宾男篮参加了决赛，最终获得银牌。这对于吉米来说是一个难得的与菲律宾运动员交流的机会。

亚运会前夕，北京做了城市发展改造的重要计划，很大的原因是因为亚运会的需要：许多体育场馆进行了大规模的修缮、改造、扩大，同时也在北四环外新建了亚运村。在吉米看来，北京最大的改变是机场高速为了亚运会能够顺利进行，扩建成双向八车道。这在当时是很不得了的超宽高速公路。当时北京汽车比现在少很多，于是很多人质疑，北京真的需要这么宽的道路吗？这不是巨大的资源浪费吗？然而现在看来，双向八车道已经远远不够用了。

这次亚运会是北京向国际化大都市迈进的里程碑，因为亚运会是将政治、外交和体育这几个难得能够聚在一起的元素串联起来的重大事件。在新闻报道中，这些变化不一定能够都有直接的体现，然而作为一个能够深入参与其中的记者，这对于吉米的记者生涯来说是一个重要的体验。加之中国刚刚从 1989 年走向 20 世纪 90 年代，这个发生在北京的大事件深深地影响了中国的发展。

90 年代初，不管是国内还是国外，很多人开始怀疑中国是否还会照着走了十年的改革开放的道路继续走下去，甚至很多人认为，改革开放的进程可能会出现倒退。然而这次亚运会完美地证明了中国会继续沿着这条道路，不会后退。这是中国给全世界的一次承诺。

1992年，北京申请举办2000年奥运会失败。吉米当时也在现场，和众多北京人一样，他很失望。吉米认为，中国能举办奥运会，会促使中国更加开放更加进步。所以从申奥伊始，他就参与了关于北京申办2000年奥运会的跟踪报道。这期间，吉米参加了不少发布会，得知申奥结果后，吉米也报道了中国的失望。吉米回忆，当时的中国在这一事件上打击很大。

但是现在吉米回想起来，可能对于那时的中国，主办2000年奥运会为时过早，也许推迟几年是好事。因为当时的中国还不够成熟，软件硬件设施都不能达到举办奥运会的水准，在这样的情况下，举办奥运会可能会变成北京的负担。

2000年北京获得2008年奥运会主办权时，吉米正在纽约进行为期一年的访问。吉米知道这一喜讯后很开心，于是访问结束回到北京后，吉米就投入到跟踪报道北京筹办奥运会的一系列事件中。在北京花八年时间筹备奥运会的期间，吉米参加了不少新闻发布会，也报道了北京为奥运会兴建地铁、新建国际机场等重要新闻。

其实，2008年举办奥运会对于整个新闻界有着重要的意义:它促进了北京对媒体开放程度的进一步加强。

2007年,中国发布新的有关外国记者在华采访规定。其中最主要的改变是,中国放弃了几十年来外国记者到地方采访必须提前十天得到当地外办许可批准的要求。早在2007年以前,在华的外国记者就针对这些规定与中国外事办交涉,因为新闻时时刻刻都会发生,没有人能提前十天知道会到哪里采访谁,没有谁能提前知道未来会发生什么事。其实中国官方在此之前也早已明白外国记者们的苦衷,但是因为协调原因,对于这一规定的修改一直拖拖拉拉,并没有实现。很多时候,虽然对外国记者在华采访的实际限制并没有按照规定中的那么严格,但是在制度上,记者们自由采访的权利并没有受到保护。吉米在四川仁寿曾经做的那次暗访就是在这样的管理制度下的一次违规操作。

而正是因为要举办奥运会,北京为了能够与国际接轨,所以就按国际惯例修改了对外国记者在华采访的规定。这对于在华的外国记者们而言,无疑是一个特大喜讯。

尽管时至今日,外国媒体想要在中国进行采访还是会遇到一些阻力,但是这些阻力几乎都来自地方,而不是制度本身。地方很多小官员、警察、保镖还是视记者,特别是外国记者为麻烦。因为记者的采访往往会给当地带来负面影响,所以地方保护者甚至不惜和记者产生冲突，阻碍记者的正常报道。

北京奥运会期间，由于奥运会的官方广播公司是NBC，而不是CNN，所以吉米和大多数媒体一样并没有权利直接报道奥运会赛事，所以只好在鸟巢外面租了个办公室，从那里向外界发布专题报道。同时CNN的另一个团队穿梭在鸟巢里面，进行有限的报道。

除此之外，CNN还在奥运会之前做了前期的报道，例如，奥运会的职员、志愿者们的工作和作用；普通老百姓对奥运会的态度；奥运会对于北京的经济、旅游等有什么促进作用；等等。在前后半年多的时间中，CNN对于奥运会的方方面面、很多细节都有详尽的报道。

赛前的刘翔是记者们关注的焦点。当时的外界对于刘翔的期望很高，所以吉米在对刘翔的专访中肯定了他的成就。然而刘翔因失误退赛，是包括吉米在内的所有人都不曾想到的。

对于姚明的采访则轻松愉快很多。吉米曾经单独采访过姚明两次，集体采访的次数更是多得数不清。

吉米采访姚明时，他刚刚被NBA选为状元秀。而吉米是个狂热的篮球迷，所以面对姚明这个谦逊和善的运动员，吉米十分开心。不过他的身高后来让吉米的颈椎痛了好几天，至今吉米回忆起这段采访还是感到十分满足。

吉米和他的团队曾经到达上海，采访过姚明昔日的教练、队友，也曾到过姚明家中采访了他的父母，并且拍了很多珍贵的照片。此时的姚明在 NBA 的火箭队有了多年的打球经历，已经成为一个成绩很好的国际巨星。所以他既能够很轻松地打球，也能够很轻松地面对媒体，无论场上场下都十分自信。吉米回忆说，姚明是一个轻松幽默善于表达的人，对媒体也很有耐心。CNN 的姚明专题在奥运会前播出后，收到了不错的反响。

因为吉米的记者证允许他能够出入所有的体育场馆，所以他看了不少自己喜欢的项目，其中有中国队擅长的跳水、体操等，也有他自己喜欢的篮球、足球等。

这次奥运会上，吉米亲身感受了开幕式和闭幕式的现场，特别是李宁的圣火点燃仪式令他十分难忘。早在 1988 年，吉米就和这位体操王子有过接触，二十年间，吉米感受到了中国体育和中国社会的巨大进步。

外国记者眼中的中国会议

"我想请一位老朋友提个问题，我们好久没见了。CNN 的吉米，希望你的问题客气一点。"2013 年 3 月 4 日，第十二届全国人大一次会议新闻发布会快结束时，大会副秘书长、发言人傅莹打破由主持人挑选提问者的惯例，亲自点名，把最后一个提问机会留给了老朋友。

这个老朋友就是吉米。

吉米在中国的记者生涯中，参加过很多次政治类的报道。两会、党代会、外事活动等，很多事件的现场都有吉米的身影。教育、医疗、贫富差距……他的关注点总能切中要害。

吉米参加过的第一次对外国记者开放的党代会是十三大。在那之前，外国记者们虽然也报道过中国的党代会和其他一些很重要的共产党会议，但往往都是通过小道消息，他们才能得知有这样的事件或者新闻，因为官方并没有邀请他们。很多时候，他们听到小道消息后，就会开着车到人民大会堂，或者西郊宾馆。如果那里停放着很多辆车，或者晚上有灯亮着，那么可能就是在开会。因为保密，所以他们往往只能凭借这些不正式的信源写报道。

1987年召开的十三大是第一次提前通知外国记者的重要会议，想去现场的外国记者只需要提前报名，就可以去现场报道开幕式和闭幕式。所以包括吉米在内的外国驻京记者们都很兴奋。至今，吉米已经连续采访报道了六届党代会，是外国记者中采访中国共产党全国代表大会的"元老"。

那一次，吉米和很多外国记者一起，第一次进入了神秘的人民大会堂，来到了大会堂的楼上，观看了这次会议的开幕式。尽管这次会议对媒体开放，但是仅有大概两三次活动是对外开放的,其他大部分还是封闭式会议。

令吉米感到开心的是,在闭幕式之后,吉米等人被邀请到大会堂的一个大厅,去参加"中外记者鸡尾酒会"。那天下午,吉米等中外记者被领到一个大厅里,大厅里有很长的、被拼起来的桌子,桌子上有花生、巧克力一类的小吃。记者们就站在桌子周边边喝边聊,随意走动。突然有人宣布:刚刚被选为书记的新的领导人,还有其他的几个领导人要来和记者们见面。之后几位领导就出来边走边回答记者们的问题,整个见面会大概持续了半个多小时。而新华社的一张老照片,恰好捕捉到了现场的一个镜头:吉米在向赵紫阳提问。

虽然吉米已经不记得当年他向赵紫阳提出什么样的问题,但是对吉米来讲,这是第一次:第一次中外媒体近距离地、自发地,没有经过商量、加工、安排地和国家领导人交流。那一次有将近一百多位外国媒体人在现场,除了大部分是美国记者外,还有欧洲、日本和中国香港的记者。

也正是那一次会议,虽然没有像现在这样有组织有规模的新闻发布会,但是全国记协组织了一个小范围的见面会,让记者们和一些地方领导人有了交流的机会。

显然,那时的两会并没有现在的开放,但是最起码记者们已经能够提前知道会议哪一天开始、哪一天结束、会议上会讨论哪些话题。

1998年,朱镕基总理上任,他被选为总理的当天,第一次走出会场,举行了历史上的第二次全国人大记者招待会。而在这第一次记者招待会上,被点到的第一个记者正是吉米。而令吉米十分兴奋的是,这次意外之喜完全出乎他的意料。那次记者招待会上,吉米提了一个有关直接选举制度的问题。当时吉米刚刚从外地回到北京,那次出差中吉米在东北的几个村子观察了村民委员会的选举。吉米认为,这是中国的一个很大的全世界都不怎么熟悉的"秘密"。很多国外的人都不知道,中国在最基层选举中,有这样一种选举,而这种选举正是直接选举。有的人认为它的意义并不大,然而有的人认为这是民主的萌芽。吉米想,在中国,如果这样的选举能够得到人们的认可,是不是有可能推广开来,能够提到更高的一层:县委或者是省委。

于是吉米就向朱镕基提出,在将来,中国会不会达到这样的普选?他问总理:"您能不能想象,像您这样高的职位的人会不会是通过直选选出的,会不会有这样的可能?"虽然总理并没有直接回答吉米的问题,但是他并没有否定,也没有肯定。吉米知道,总理肯定不会正面地回答这样的问题,他不会说中国应该往哪个方向走,但是吉米认为自己把这个问题在这样的场合提到了,那么中国老百姓听了以后自己也会问这样的问题，他的问题是具有重要意义的。果然，在接下来的几天中，很多中国人就认识了吉米，并对他说，他的问题提得好。

那一次的记者招待会也是第一次全国直播的记者招待会，之后，朱镕基总理每年都会安排这样的回答问题的环节。之后的温家宝总理也将这个传统延续了下去。这些年中，吉米虽然不是每年都有机会提问，但是几乎每隔一年，他总是能够出现在观众们的视线中。吉米统计，他在温家宝总理任上的两会记者招待会上一共被点到过两次，而2014年李克强总理的新闻发布会上，吉米也被点到了名字。

十五大时，吉米写了一篇题为《中国领导人是否顺利过了关》的文章，反映了在共产党领导下中国取得的成绩，也提出了中国遭遇到的腐败等问题。十六大时，他在报道中分析了中国经济上取得的成就和改革问题。十七大时，他最关注的是科学发展观。对于十八大，吉米认为它对中国的走向有重要意义，新一代领导集体也许将带来一个崭新的中国。

在第十二届全国人大一次会议的新闻发布会上，吉米向傅莹提了一个关于反腐败和政治体制改革的问题，吉米对傅莹的回答感到十分满意，并认为这个问题值得进一步探讨。吉米对傅莹的回答的评价是"很人性化"，他认为中国的官员就是要更多地展现出人性化的一面，避免一些套话、官话。吉米和傅莹相识已有二十多年，两人初识时，傅莹还是一名年轻的外交官，吉米当记者的时间也不长。他和傅莹虽然见面不多，但时常通电话，他们虽然有时候也会有一些意见分歧，但是基本上能谈得来，因为他们有共同的兴趣——外交和国际事务。

这些年来，吉米也曾经跟着中国的团队到国外，参加过中国领导人的国事访问。江泽民和朱镕基访美时，吉米都曾随团前往美国。吉米印象中随朱镕基访美时，他和朱镕基去参观了纽约的股票交易所和芝加哥的期货交易所。而江泽民访美期间，曾在哈佛做过演讲。吉米记得，江泽民能用英文背美国宪法中的一部分，也可以和美国人用英语进行简单的交流，同时也会弹钢琴。总之，吉米认为，江泽民是一个充满了文艺气息的领袖。

而吉米第一次采访江泽民是他刚刚上任上海市长的时候，那时吉米专程去上海采访他。当时的《时代周刊》是为了写一份关于大都市的封面报道，所以他们想对比一下美国的洛杉矶、肯尼亚的内罗毕还有中国的上海。上海当时已经有一千多万的人口，所以在国际上备受大家关注。

吉米的采访申请被批准后，他和一个专业的摄影师一起到上海进行采访。采访前，摄影师向吉米请求，让他跟上海方面交涉，希望最好不要在会议室采访而是在江泽民的办公室内，想让江泽民在办公桌拍个照片。没想到的是江泽民很快答应了吉米的请求，所以吉米得以有机会参观了一下江泽民的简单的办公室。之后吉米采访江泽民的时候，他坐在办公桌前面，和吉米进行了一场一对一、面对面的采访，而那位摄影师也拍到了满意的照片。采访结束以后，吉米也和江泽民留下了合影。

当时的采访内容是怎么管理这么大的一个大城市，像江泽民这样的市长，他在治理城市中，遇到了怎样的挑战，有什么困难。吉米回忆当时江泽民说他最关心的问题之一是住房，因为当时的上海住房问题很严重，整个城市好几年没有新建居民住房，以致当时上海的人均住房面积几乎只有他的办公桌那么大。这是一个很严峻的问题。

另外，江泽民也提到一些其他的管理城市方面的日常工作，例如，怎么处理老百姓吃完西瓜扔掉的西瓜皮。吉米觉得那次采访很开心，因为江泽民时不时地和他说几句英文。同时因为江泽民在罗马尼亚待过，所以他也能说几句罗马尼亚语。而且因为江泽民的专业是理工科，在吉米看来，他属于一位技术官员，所以对吉米来讲，江泽民当时绝对算得上是一位新型的干部。

后来，在当了国家主席和总书记以后，1999年，江泽民访美之前，又一次接受了《时代周刊》的采访要求。因为那时江泽民已经是国家领导人，所以在采访时,《时代周刊》的总编辑还有其他的高级编辑都要一起来参加,以示尊重。这一次的采访上了《时代周刊》的封面报道,成为江泽民访美前在美国的舆论宣传:江泽民给了《时代周刊》一个话题,一个采访机会。

之后江泽民在美国期间,吉米也一直跟随着他的代表团,又写了不少的报道。吉米记得,在江泽民访美之前,中美关系处在一个很微妙的时刻。美国当时给了中国不小的压力,如WTO方面、人权方面。所以几年期间中国国家元首都未得到美国的邀请,所以并没有访问过美国,记者们更没有这样的采访机会。而1999年,朱镕基先行访美,随后江泽民到达华盛顿,这样的安排将中美关系正常化推到了一个更高级的水平。

所以从一定意义上讲,中国国家领导人的那次访美是很重要的。不久之后,克林顿也来到中国进行访问。因为克林顿担任总统之后至访问中国之前对中国的立场是很强硬的、批评性的、敌对性的,而在那之后,他用了四年的时间才慢慢扭转了对于中国的看法。所以朱镕基访美和江泽民访美是一个很重要的过渡。

在纽约的一年

2000年,吉米又一次来到了纽约。但他这一次,并不是作为记者,而是作为访问学者来纽约进行访问。

1999年，吉米得到了爱德华·莫罗学者奖学金（Edward Murrow Press Fellowship）。这个奖学金是美国名为外交委员会智囊团的机构所设立的，每年选出一名美国境外为美国新闻组织服务的记者。这个为期一年的奖学金不仅给候选人提供资金上的支持，并且最令吉米喜欢的是，这个奖学金并不要求他写出什么样的报告或者报道，相反，他可以做任何他想做的事情：这个奖学金提供给他一个能够近距离、无障碍地接触美国的机会。

爱德华·莫罗奖学金提供的资金援助和吉米平时的工资大致相当。此外，还给吉米提供了一间在纽约的办公室以及办公助理。

爱德华·罗斯科·莫罗（Murrow Roscoe Edward，1908—1965）原来是美国广播电视新闻工作者。1935年，莫罗进入哥伦比亚广播公司工作，1937年开始主持该公司欧洲办事处工作。1938年他首先从维也纳向美国听众报道了纳粹德国入侵奥地利的消息。第二次世界大战期间，他从伦敦报道战况新闻，多次在英国广播公司大楼屋顶上进行德国空军轰炸伦敦的现场实况报道。他报道新闻的第一句话"这里是伦敦"在美国流传很广。他的客观、冷静的报道风格赢得了美国听众的信任。1945年返回美国后，莫罗任哥伦比亚广播公司副总经理。1947年，莫罗重上新闻报道第一线，主持广播和电视节目。1954年,他在自己主持的"现在请看"电视节目中,持续地揭露了参议员约瑟夫·麦卡锡侵犯人权的丑行,受到美国舆论界的赞赏,被誉为电视节目的开拓者,因此他也曾受到当局的恐吓和迫害。莫罗曾获国际埃米奖,并在1961年至1964年期间任美国新闻署署长。

所以爱德华·莫罗学者奖学金的设立就是为了纪念爱德华·莫罗。据吉米讲述,爱德华·莫罗学者奖学金是一个公开奖学金,任何一个记者都可以申请。他得知自己被选中后不久,他才知道,原来在他之前,这个奖学金的规则规定,只能将本奖学金提供给美国人。也就是说,这个奖学金仅仅提供给在美国本土外的美国媒体当过驻外记者的美国人。然而因为吉米多年来在中国的优秀表现,理事会特意修改了这一规定,不再限制申请人的国籍。而且对于记者服务的媒体要求,理事会也有所放宽:只要是在美国出版、发行,在美国能够看到的媒体就可以。所以,吉米是第一个获得这个奖学金的外国人。

其实吉米也曾经考虑过其他的奖学金,比如哈佛大学也有一个类似的项目。不过有朋友告诉他,爱德华·莫罗奖学金对于被奖人的限制很小,并且地点是在纽约。同时,由于爱德华·莫罗奖学金每年只有一个名额,所以含金量比哈佛提供的每年招收十个美国人和十个外国人的奖学金的含金量要大很多。能够申请到爱德华·莫罗奖学金，和吉米的同事，他在《时代周刊》的原社长也有很大的关系。他在几年前就申请到了这个奖学金，并且时时鼓励吉米去申请。

其实吉米能够在纽约访问一年，是一个偶然，也是一个必然。

那时吉米感觉到，这么多年他在中国所看过的、听过的、干过的事情如此之多，以至于他对中国已经熟悉到厌倦。他感到有些"见异思迁"了，因为这些他看过的、听过的、干过的事情很多都在重复。所以他想换换地方，换换味道，就像国外的教授，教了几年书之后，可以休息一年，享受享受不上课的乐趣，从而有大量的时间可以写写书等，想干什么就干什么。对吉米来说也一样，他希望能够有个机会可以换换味，可以打开眼界，看看外面的世界。

其实当时获得这个奖学金期间，吉米和《时代周刊》有一个口头上的约定：这个奖学金完成以后，吉米还继续回到《时代周刊》，并且他还可以留在亚洲，但是可以换一个国家或地区，或者在中国香港分社，或者是开辟一个驻越南的分社。

当时吉米的计划是：在美国停留一年后，继续回到亚洲。因为他当时走的时候很多东西还留在北京，他只带了一部分在美国生活的必需品。

所以那一年，2000年，吉米工作在纽约，居住在新泽西。同时，吉米全家也和他一起来到美国，孩子们在新泽西上学。吉米想在这一年的时间里，让孩子们有新的体会和新的经历，所以把他们送到了一所公立学校，因为这对于他们来说也是第一次。而这对吉米来说也是第一次：他在美国期间，每天坐公交车从位于新泽西的家中到纽约的办公室中工作。这令他感到十分开心，因为他并没有很具体的任务或者是计划。

吉米利用这一年的时间，一方面在了解美国，另一方面又在让美国了解中国。

用一年的时间了解美国，了解美国人，了解美国读者，是因为吉米意识到，虽然他为美国媒体工作了那么多年，给《时代周刊》也写了无数的文章和报道，但是他并没有真正地了解了美国人的理念和想法。

为了用一年的时间让美国人了解中国，吉米花了不少时间到美国各处讲演、回答问题，给他们讲有关中国的情况，同时也和他们交流，了解当地学生的想法。吉米抓住一切机会去美国的各个大学、中学演讲，中部、东部、西部都留下了吉米的脚印。这样吉米就能够对中国和美国有更深刻的认识，这样他就能更加明确地了解美国人对中国的了解情况，了解美国人究竟对中国的哪些问题感兴趣。

2001年4月1日，一架美国侦察机在中国南海上空和中国解放军的战斗机相撞，以致中国战斗机坠毁而美国侦察机迫降到中国海南岛的陵水机场。

中国指责美国侦察机故意撞向歼-8战斗机,并且在没有通知和许可的情况下降落于中国领土;而美国则说,EP-3是被失控的歼-8战斗机所撞击,并且被中国的另一架歼-8带到飞机场。中美双方就事件责任僵持不下,更演变成为一场外交危机。经过政治角力,事件最终以美国发表一段含糊其词的"歉意",中国释放人员、交还飞机告终。

恰好那个时候吉米正在纽约,所以中国自然而然地就成了新闻的焦点。于是很多电视台、很多媒体都想找吉米做评论员,想让他评论一下这个事件,讲讲中国的情况,同时也有很多研究机构邀请吉米去做学术演讲。

有时候吉米也会去看电影、看戏剧,当然同时他也写了不少文章,看了很多书。在吉米看来,能够在外交委员会待上一年,对他来说是最好的一个机会。因为协会经常会组织活动,邀请在纽约的官员、国际领导人或者是新闻人物在委员会那边演讲。或者是参加午餐会,或者是早餐会,吉米作为一个学者,作为一个驻京记者,吉米积极地参加了委员会组织的一切活动。同时委员会里面有一个专门研究中国的小组,吉米也常常参与他们的讨论。

而那一年是四十三年来,唯一一年,吉米不在北京。在吉米看来，中国已经是他的第二故乡了，虽然她永远无法取代菲律宾在他心中的地位。

从平面媒体到电视媒体

2000年对吉米来说是一个不小的转折。这一年，他从《时代周刊》的一名文字记者成为CNN的一名电视新闻记者。

1999年，吉米参与策划筹备了时代公司的总裁的访华的项目，当时叫作"新闻旅行团"。这是时代公司的一个保留性项目，"新闻旅行团"中，时代公司的总裁带着一众公司高级官员到某一个地方或者某一个地区，花几天的时间，来了解这一地方。而1999年，这个地点就定在了中国。

当时的总裁对中国十分感兴趣，因为中国不仅仅是一个国家，也是一个市场。所以总部决定到中国待五六天的时间，一方面是了解情况，另一方面是和中国高级领导人见面会谈。于是吉米决定把他们先带到新疆喀什，之后从喀什飞到湖北三峡，安排一行人在沿途一个村庄观看村委会选举，之后飞到上海进行参观，最后一站是前往北京参加财富论坛，留下一部分人参加国庆游行。所以吉米花了相当长的时间努力筹备这个"新闻旅行团"。当时这个团队由总公司总裁率领，时代公司各个分公司的总裁都参与了进来，包括HBO的总裁、《时代周刊》总编辑、《财富杂志》总编辑等大约四十多个人。

这些人直接从美国飞往新疆喀什，这是喀什第一次降落由外国直飞的飞机。因为当时的喀什机场并不对外开放，所以一行人是乘坐专机到达了新疆。最后在北京，江泽民和朱镕基都接见了整个团队的成员。

吉米觉得，这是一个很有意义的项目，不仅仅是对于时代公司的各位高层，对于吉米来说，这次活动给他提供了一个进一步了解中国其他地方的机会。同时从各个方面帮助吉米认识了很多高层的人士，间接地提高了吉米自身的见识和身份。

而团中的一位成员是CNN的总编辑，所以这也为他后来跳槽到CNN奠定了基础。就在这个团队在中国期间，吉米作为地主，给众人介绍中国概况时，认识了这位CNN的总编辑。这是吉米和CNN的第一次邂逅。

之后，吉米去奥地利参加一个志愿性会议时，又遇到了一位CNN的记者。当时吉米在奥地利参加的会议主题是关于中国的话题，他被邀请在当地做一次关于中国事务的演讲。而那位记者是代表CNN，也被邀请来作为讲座嘉宾给大家讲述他在中国的媒体从业经验。那位记者非常喜欢吉米对中国的发言，认为吉米非常适合做电视，于是两人就成了好友。所以后来当他又一次看到吉米在美国电视上接受采访时，就向CNN推荐了吉米。

不久，CNN第一次找到吉米，希望他能够成为CNN驻北京的首席记者。但是由于那时吉米已经拿到去纽约的奖学金，所以时间不凑巧，于是他谢绝了对方的好意。吉米本以为他和CNN的缘分会就此终结。然而当吉米在纽约访问期间，由于中国南海发生了重要的事件，所以CNN之前的驻京首席记者不得不推迟了他离任的计划，一直到第二年，吉米在纽约的访问快结束时，这位前驻京首席记者才被CNN调到日本东京分社入职。

在这期间，寻找新的驻京首席记者就成为前任的重要任务。于是CNN便打电话找到吉米，问他是否感兴趣继续回北京为CNN服务。开始吉米对这个提议并不感兴趣，因为他感到自己难以掌握准电视新闻的方向，然而不久，他就接受了这个提议。

吉米认为，一方面他能够继续回北京，回到熟悉的地方，并且还是做记者，这对他来讲是很熟悉的。另一方面，这又是一个挑战，因为吉米此前并没有做过电视新闻，所以对这一领域完全不熟悉。所以吉米怀着又熟悉又陌生的心情，接受了这个安排。

于是CNN就在华盛顿聘请了一个已经退休的记者，给吉米做了一些基本的电视新闻培训。开始两天，吉米飞到华盛顿，和这位退休记者学习如何上镜，如何写电视新闻报道，并且做了一些模拟报道。后来吉米又回到纽约，和一位资深的老太太学习了发音等电视新闻播报的技巧。这样的培训一共进行过七八次，每次两小时。最后，CNN又让吉米跟随一位在纽约分社的记者一起适应了两天的电视新闻的实战制作。

这样，吉米的电视新闻培训工作就完成了，于是在2000年的7月，他又回到了阔别一年的北京，和妻子孩子一起回到了熟悉的地方。但是这一次对吉米来说面临一个挑战：从平面媒体到电视媒体的转变。

刚开始，吉米很不熟悉电视新闻，并且对于上镜这件事情感到很不舒服。很明显，平面媒体和电视媒体在写法、做法、理念上都很不一样，所以吉米需要用相当长的时间适应这样的转变，吉米只能一边干一边学。

CNN北京分社是CNN在中国内地唯一的机构，如今，这里有八位全职工作人员。这些工作人员来自世界各地，就像一个小联合国一样：有美国人，有加拿大的，也有西班牙人。令吉米最自豪的是，CNN在全球大概有四十多个记者站，而中国这个记者站相对来讲规模很大，是CNN规模最大的几个海外分社之一。

因为CNN非常重视在中国发生的新闻和相关的报道，中国这些年来已经成长为世界上最重要的新闻焦点，所以有很多热点新闻出现。因此，CNN在中国设置记者站就是希望将中国的报道做得更加详细。

这些年,包括 CNN 在内,几乎所有的外媒驻中国分社都有着一个共同的特点,那就是他们都加大了员工数目,扩大了制作团队。这正是因为中国这些年发生了很大变化,以致外媒们对中国的重视程度显著上升。这一点在 2008 年北京奥运会时体现得尤为明显:在奥运会之前 CNN 驻北京分社临时增加了二十名员工。这二十名员工在奥运会前一周之内,对奥运会进行了非常多的报道,其中很多还是现场报道。在奥运会开幕之后一周,CNN 也进行了一些现场报道。后来 CNN 做过一个统计,在奥运会期间,整个北京团队大概做了五百次的实况报道。

吉米总结,电视媒体和平面媒体的重要区别有两个。首先是新闻的长度不同:吉米在《时代周刊》时,他可以用几天的时间去研究一个主题、一个话题。吉米一般星期一开始约人采访、进行研究,然后星期三、星期四开始写作,星期五定板,第二个星期一出刊。也就是说,一篇报道吉米可以用一个星期的时间来完成。而电视新闻的节奏和深度则完全不同:电视新闻的特点是短和快。一般来讲,说两分多钟的报道算是典型,三分钟的报道已经很长了。而三分钟的稿子,大概仅仅有一页,并且这三分钟里,还不能都是解说,还需要有画面和现场声音。

其次是叙事结构的区别。平面媒体一般讲究发生什么事情以后，将最重要的信息放在前面，也就是倒金字塔结构，而电视却不一定。培训的时候，老师告诉吉米，电视在开头就要安排最能抓住观众的眼球的信息，所以很讲究画面感。虽然这些画面不一定是最重要的成分，例如，事件的意义可以放在报道的中间，之后再说明为什么这个事件很重要。但是最重要的是发生了什么，同时需要用最强的画面、最精彩的画面来呈现出来，最后才是围绕那个画面讲出这个故事或者是这个新闻的意义所在。

所以对于吉米来讲，这是一个不太容易接受的改变。吉米记得，他最开始进行电视采访时，他会花三十分钟甚至四十分钟问这个、问那个，之后他会发现，他的一些同事感到不耐烦了。因为他们觉得吉米的采访太长了，而在新闻中，能够呈现出来的也就只有那么一分钟、两分钟的对话。但是因为吉米在《时代周刊》的习惯就是要问得多、问得深或者是问得全。吉米后来意识到，电视记者一般会提前设计一个理想的回答，只要受访人说到了采访人想要的那几句话，采访就可以结束了。

吉米真正适应了这种变化，是在大约半年以后，这时他才开始意识到平面媒体和电视媒体真正的区别。这对吉米来说十分重要，因为他认为，如果不能够了解两种媒体的特点,那么他就会很容易失败。

其实吉米总结,电视媒体和平面媒体的区别就在于一种是深度的讲述,一种是快速的呈现,这两种叙事的方式所造成的效果完全不同。如果一直按照老一套的思路做冗长的电视新闻,那么这个节目就会很单调。后来别人告诉吉米,如果不能抓住观众的眼球,那么观众就会换台,而能不能抓住观众的眼球,只需要大概二十秒:因为这个时候他们就会换台。

灾难中的中国

2003年,中国爆发"非典"。

疫情爆发初期,吉米刚好在北京看到了电视上关于"非典"的报告。一开始,吉米对"非典"并没有太重视,然而很快疫情蔓延开来。这时,吉米和很多外国记者一样,开始参加中国官方的发布会,并且开始认真研究中国媒体的报道。

吉米回忆,当时最大的问题是,他们并不能得到如实、及时的情况。因为人们对这种突发的传染病并不了解,所以很多地方存在隐瞒情况的问题。吉米从官方和媒体上得到的消息和他在大街上、朋友们那里得到的消息不尽相同。他开始意识到,"非典"造成的影响比大家想象中的还要大。作为记者,吉米开始跟踪报道关于

"非典"的每一个细节。吉米记得他在参加一个卫生部的新闻发布会时，当时的卫生部部长在发布会的时候并没有完全阐述当时的情况，并且没有提出这一问题的严重性。所以吉米在现场不得不提出了几个尖锐的问题。

之后，吉米来到了"非典"的第一个发源地广东佛山进行现场采访。那个时候"非典"刚刚开始蔓延，所有人都不知道这个病是如何传播的，所以没有人知道"非典"到底是什么。一方面吉米在采访时感到十分紧张，另一方面，他和其他很多记者一样，从本质上并不知道"非典"有多么可怕、多么危险、多么厉害。于是吉米和世界卫生组织派来的一批大夫和专家一起，仅仅戴着普通的口罩就前往了现场。

随着疫情扩大，官方也开始意识到问题的严重性，于是开始每日通报疫情，而不是隐瞒情况。而这时，大批的医生护士都开始参与"非典"的治疗，并且这样的全民动员使得状况有所好转。

因为"非典"，国内包括北京和其他城市，人们都很担心、害怕。所以马路上人少了，公园里人也少了，旅游者也不再来北京旅游，甚至很多驻京的外国人都离开了。

吉米的女儿美霞当时13岁，在北京国际学校上学，吉米每天回家都会和孩子们聊当天采访的所见所闻，所以她也意识到"非典"的严重性。而且她也感觉到，自己周围的邻居、她在学校的一些同学和他们的家属都因为害怕而开始离开北京，不断转移，所以当时她十分担心。但是当吉米给她讲到，他所采访的医院里的医生和护士都依然坚持在第一线，虽然危险，但是仍旧照常工作后，小女孩十分感动。

她于是给当时的北京市市长王岐山写了一封信，把自己的压岁钱捐赠给了当时在第一线工作的医护人员。虽然那其实是很少的一笔钱，但是王岐山市长仍然给她回了一封感谢信，而且这封信的故事也在当时的媒体上报道过。

吉米全家一方面面临着这样的一个未知的危险，另一方面他们全家都还是喜欢北京，喜欢中国。后来吉米全家开会商量，决定留下来，继续在北京生活。在这期间，从吉米的职业角度看，报道"非典"是一个很重要的事件；从家庭的角度看，这样的一场危机让吉米一家都能够齐心协力，共同渡过艰难的时刻。

这整整半年时间中，吉米不仅担心自己的安全，更担心家人的安全和健康。即使如此，吉米还是继续做报道，并且参加了不少发布会，也去了不少的医院。因为他感觉，如果没有人把这个事情的前因后果告诉大家，那么整个人群就会恐慌。而事实证明，正是因为媒体和群众一起努力，"非典"这场灾难才在很短的时间内平息了。

吉米感到，对于记者来讲，这次"非典"是对媒体透明度的很好的经验教训。很大程度上，这对中国来讲，也是一个信息沟通，保持透明度，不必隐瞒真相的经验教训。因为在疫情最严重的时候，官方能够及时对群众发布疫情发展情况，改变了一开始压制事态传播的做法，从而得到了老百姓的认可和支持，所以逐渐控制了"非典"的传播。

但是作为一个新闻工作者，吉米开始感到困惑，因为他在想，面对突发的紧急公共事件，究竟什么样的公共沟通方式是真正有效的。

2008年5月，汶川地震。

CNN陆陆续续分批分拨，共有十几二十个人到达地震现场。开始几天，因为有一部分新闻是从北京的官方发出，所以这段时间，吉米就留在北京向外界发出报道。几天后，吉米来到四川。

吉米最大的感受就是感动和震惊。来到现场，吉米看了无数的废墟：学校倒塌，废墟中时不时地出现一个足球或是一摊血，很多东西都是半埋在那里。那种悲痛的心情很快让吉米感到窒息。在失去亲人的悲剧一幕幕上演的同时，这里还有成千上万个幸存者，很多幸存者都要从灾区临时转到成都，所以在灾区到成都的路上，吉米也遇到了一些幸存者。途中，吉米遇到了夫妻两人，他们正是从废墟中逃出后，想要搬到成都的幸存者。于是吉米让他们搭上了自己的车,并且要到了二人的新地址。之后的一段时间之内,吉米还给他们寄过几次钱和物品。

吉米仍然记得当时的恐慌,因为那时还有余震,传染病也开始渐渐蔓延。而且吉米到达四川已是震后四五天,所以绝大多数能找到的人都已经找到了,很多人都已经被转移到安全的地方。然而当地还是有许多不肯放弃的人群,他们希望用耐心和勇敢能够最终找到自己的亲人。那一路上听到的许许多多故事都令吉米十分感动。

其实那时,CNN正在国内面临很大的麻烦。因为地震正好处于奥运会前夕,而发生地震之前,那一年发生了很多事情,CNN也相应报道了如西藏的打砸抢事件、中国南方发生的雪灾等。很多人批评CNN存在不实报道或者有偏见的报道。于是吉米的团队处在这样一种很困难的境地,这对于他们来说是一个很大挑战。吉米作为首席记者,自然而然地需要承担这样的责任。那个时候,政府对CNN进行批评,网民也对CNN进行严厉的批评。

但是在吉米看来,他没有别人所说的恶意或者是偏见。作为媒体,本就应该发布各种各样的声音。CNN作为一个外国媒体,自然不会像中国媒体一样,有统一的口径,它有着不同的报道方式和语气。就像CNN内部,记者有记者的报道,评论员有评论员的立场,CNN

也没有办法左右这些人的观点,而他们的评论也不一定就能够代表CNN公司的立场。

问题就在于,由于某一个评论员当时说的一些话很不友好或不礼貌,所以让很多中国人不能接受,这就加剧了吉米和他的团队在中国的困境。但是后来,吉米通过新浪平台,解释了他们的立场。

那几年,吉米的很多同行,包括他自己的团队,都跟官方有一些关系趋紧。尤其是CNN,这几年被盯得很紧,是因为CNN来自美国。吉米承认,CNN确实曾经有过尖锐批评中国的报道。但是CNN并不是美国政府的下属,而是独立媒体,吉米他们只报道他们所看见的。

汶川地震发生以后,很多网民、很多读者才渐渐意识到,CNN并不是有意识在抹黑中国或者是故意找碴儿。因为在报道地震的态度上,CNN还是持有了很同情的角度。他们报道了当地百姓的勇敢,志愿者和当地官员的英雄事迹和很多普通人在灾难面前无私帮助他人的故事。

在中国的四十余年

在中国生活了四十多年后,吉米即将退休。与过去漫长的记者生涯完全不同,即将退休的吉米显得轻松很多,因为他正为自己的退休做扫尾工作。

同时，吉米正从一套四室一厅的大房子里搬出，搬进一间两室一厅的小房子去，这样租金会减少一半。有意思的是，在中国的四十多年里，吉米从菲律宾的流亡学生成长为在北京资历最深的外国媒体的首席记者，但是他却没有在中国置办过房产，如今看来，吉米感到自己很"傻"。

这些年，吉米一直在用外国人的视角旁观着中国的巨变。

这期间，中国人对外国人态度的转变最为有趣。70年代吉米刚来中国时，当地的人对他和一行人都很友好，也对他们很好奇。因为那时的中国普通人都没有见过外国人，更别提去外国。他们中有人和吉米成为好朋友，如农民、会计、当地的干部等。吉米和湖南省外办前主任唐杉的友谊一直持续到今天。他比吉米大20岁，吉米叫他老恩人。如今，有时候唐杉到北京来，就会和吉米聚一聚。在那时，唐杉照顾吉米等人的生活，提供他们一切所需要的东西。后来吉米和他还经常交流思想，唐杉也给吉米提了不少的建议，让他能够更快地了解中国。然而在七八十年代的时候，一般老百姓跟外国人接触还是会有防备，十分谨慎，害怕被当作间谍。但唐杉不管，他和吉米成为好哥儿们。

在北大上学期间，吉米和很多中国人都成为朋友。他的同学都是从全国各个地方考来的，并且都有丰富的社会经验，所以吉米从他们那里得到了不少精神财富和知识。那时中国开始允许举办舞会，电影也开始放映，人与人之间的关系也步入正常化。至今，吉米最好的朋友仍然是他在北大期间与他同宿舍的兄弟。

在当上记者后，吉米更是有机会接触形形色色的中国人，从国家领导人到普通市民再到社会最底层的人群。吉米曾经直接采访过江泽民，跟随朱镕基去访问过美国，也参加过胡锦涛、习近平的新闻发布会。他也曾在春运期间，跟着农民工回家，了解他们的生活。有的时候吉米也会接到他们的电话投诉。因为很多人可能会在面对如拆迁和上访等情况下找到媒体。

而在经历了六届党代会后，吉米感觉到，参会的代表们越来越活跃，面对外国记者，他们都能侃侃而谈，而有的代表还积极利用新媒体手段与民众互动以听取民意。而最开始时，"两会将在几月几日开幕"就可以成为外媒关于中国时政的最重量级报道。那时没人会通知记者们开会的日期，更不用说会议的内容，一切都要靠记者们自己猜。以至于记者们还会看谁跟领导人坐得近，从而猜测谁可能会升迁。后来虽然有了新闻发布会，但是很多时候，发言人就仅仅念念事先准备好的稿子，而不回答任何问题。

随着时代的发展，吉米感到，中国的新闻发布会越来越密集，老百姓也越来越愿意接受采访，与中国人交朋友比较容易了，选题多了，外国媒体报道中国的敏感问题也多了。比起80年代来说，现在的新闻采访变得容易便捷了许多。那个时候，如果吉米需要离京采访，那他需要提前10天提交申请。而如今，原则上来说，除了西藏，如果有人邀请他采访，他可以去任何地方。

在中国几十年做媒体，让吉米对于外国媒体在中国的发展有着独到的认识。尽管在本土化的过程中会遇到许许多多的问题，但是这样的困难都在一个一个被吉米和他的团队克服。

不论是CNN还是《时代周刊》，因为文化的差异导致的媒体和政府的误会时有发生。为此，吉米为几届国新办组织的发言人培训班举行过讲座，也在各个部委组织的发言人培训班和媒体培训班上发过言。此外，吉米甚至还当过湖南的一些培训班的讲师。在这些培训班上，吉米告诉听众们记者特别是外国记者的报道手法，他们在采访过程中有哪些程序。记者需要什么样的报道，为什么这么报道，是吉米在讲课时讲得最多的内容。他希望媒体和地方能够互相理解。

吉米认为，很多时候，就是因为官方不理解记者的工作，所以会以为记者太麻烦、太复杂、太苛求了，有时甚至以为记者怀有恶意，是专门来找碴儿、专门寻找负面问题的。而实际上，记者在任何时间、任何地方都是这样做的，他们提的问题可能尖锐，但并没有针对，报道真相只是记者的义务。

在吉米的思维中,记者不是外交官,发展两国人民的友好关系,不是记者的职责,而是外交官的责任。所以每当听到有人说自己的做法会损害中美关系或者是人民之间的关系时,吉米都希望对方不要这样想。因为记者们想做的仅仅是报道真相。

同时,吉米还持有一个理念,就是记者的作用之一是给那些弱势群体一个能够发出声音的平台,能够帮助他们解决问题,能够解决他们所遇到的困难。很多时候,媒体是在同情弱者。因为强者已经不需要别人帮助了,他们本来就是强者,是权威的,有势力的。

而且往往很多外国记者都持有这样的理念,所以吉米希望官方不要以为记者这样做是有针对性的,不仅仅是对中国,而且对克林顿,对奥巴马,都是一样对待。吉米和他的同事们有时候也会讽刺、批评他们,因为他们都在实践着这样理念。

对待网络上的舆论,吉米也有自己的看法。在吉米看来,网络一方面是一个重要的新生事物,也是增进沟通、推广信息的平台;另一方面,网络也不一定是很可靠、很全面的。

2008年,中国网友指责CNN对西藏暴力事件存在不实报道,为此义愤填膺,"做人不能太CNN"成为当年的流行语。ANTI-CNN的舆论在网络上不断酝酿。吉米承认，中国人有权利对 CNN 的报道做出评价，但他也希望大家不以个别报道来判断 CNN 的所有报道。

在吉米看来，不管是在中国或者其他国家，面对网络舆论，一方面需要重视它，另一方面也要忽视它。重视它可以让媒体发展得更加健康，忽视它是因为网络舆论当然是不全面的，并不能代表所有人的看法。吉米说，面对负面的网络舆论，就需要"脸皮厚厚的"，因为网络谁都可以使用，每个人想说什么就说什么。所以不管媒体说什么、做什么，总会有非议，总会有人批评。因为批评的人可能一点都不了解自己，他们仅仅是凭借别人的说法拼凑出一个大概的印象，所以这些批评就变得微不足道了。吉米并不会把批评放在心里，但是他也不会忽视这些话。

作为一个外国媒体的领导者，吉米在自己的媒体面对批评时，更需要起到平衡两方关系的作用。一方面不失去理智，不说过分的话，充分理解对方，因为他们有和吉米一样的发言权，他们自己的言论自由。另一方面，吉米承认，不能把他们的一些话放在心里，因为很多时候那些话让他感到十分伤心。美国有一句名言"Freedom of speech is not a license to be stupid"，所以在媒体上发言，吉米特别注意保持理智，不能说 stupid 的话语。

而正是因为吉米的中国背景，所以使得他能够在中国如此游刃有余地穿梭在各种各样的媒体当中。私下里，吉米和《人民日报》、CCTV等这样的中国主流媒体相处融洽。吉米感到，其实自己也没有想太多，他只是真实、诚挚地和这些中国人打交道，只要自己不做作，让对方看到真实的自己，就能够赢得对方的尊重与理解。

在中国生活了四十多年后，吉米认为，他还是不可能变成一个中国人，但他相当了解中国人的思维。吉米可以从中国人的角度看问题，但是他不一定会接受。然而吉米还是能比较准确地看准中国人的想法，这是他能够在中国生活这么多年的优势。不过吉米依然是外国人，虽然他在中国生活了四十多年，但他从小在菲律宾长大，他的思维方式毕竟还是和中国人不同的。

吉米相信，我们最重要的是记住中国的历史和她曾经经历了什么，正是这些经历解释了中国为什么现在会这样做。吉米注意到，近年来中国大多数的人都很期待中国的发展和现代化的进程，想加入这个世界大家庭。而吉米也经历过中国被孤立的时期、落后和封闭的时期。正是因为经历过这样的改变，吉米对中国人的智慧和才华感到非常尊敬，他能够感觉到中国想成为一个强大富强国家的愿望。吉米认为，中国不需要说服外国媒体，就中国现代化进程以及目前已经成为世界强国的这样一个事实进行说明，这是非常明显的。他希望，中国变得更加现代更加强大的同时，能够始终作为一个正面的例子，对世界起到一些正面的影响。

如果离开北京，吉米虽然不会想念北京的雾霾，但他认为，自己一定会经常想念他的老邻居们。那些每天一大早便扯着嗓子进行晨练的人，已经成了早上叫醒吉米的闹钟。吉米甚至还会想念北京出租车司机那尖声细嗓的"京片儿"，因为他们总是会很热情地主动跟吉米分享他们所了解的东西。此外，吉米还会想念北京的美食和娱乐：煎饼、炸酱面、烤鸭和他定期去做的足底按摩。

当然，最重要的是，吉米一直在想念着把他当成一个很纯粹的"北京人儿"的朋友。